F. VÉZINET

AUTOUR DE VOLTAIRE

Avec quelques inédits

PARIS
LIBRAIRIE ANCIENNE HONORÉ CHAMPION
LIBRAIRE DE LA SOCIÉTÉ DE L'HISTOIRE DE FRANCE
ET DE LA SOCIÉTÉ DES ANCIENS TEXTES
5, QUAI MALAQUAIS

1925

AUTOUR

DE

VOLTAIRE

DU MÊME AUTEUR

A la Librairie Hachette

Les Maîtres du roman espagnol contemporain. 1907.

Molière, Florian et la littérature espagnole. 1909.

(Ouvrage couronné par l'Académie française ; prix Bordin).

A la Librairie Belin Frères

Le XVIIe siècle jugé par lui-même. 1910.

Le XVIIIe siècle jugé par lui-même. 1910.

A la Librairie Lardanchet

La Guerre sous-marine et l'Espagne. 1919.

A la Librairie Vuibert

Le XVIIe siècle jugé par le XVIIIe. 1924.

F. VÉZINET

AUTOUR DE VOLTAIRE

Avec quelques inédits

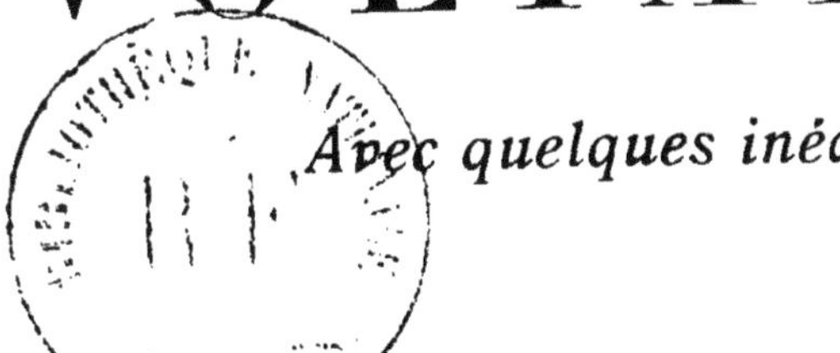

PARIS
LIBRAIRIE ANCIENNE HONORÉ CHAMPION
LIBRAIRIE DE LA SOCIÉTÉ DE L'HISTOIRE DE FRANCE
ET DE LA SOCIÉTÉ DES ANCIENS TEXTES
5, QUAI MALAQUAIS

1925

Préface

Voltaire plaît et déplaît tout à tour, parfois en même temps, parce que tour à tour, parfois en même temps, il se révèle dur et tendre, quinteux et amène, sarcastique et sensible, rancunier et enclin à l'oubli, ingrat et reconnaissant, avare et généreux, injuste et équitable, poltron et courageux. Tout en contrastes, il est divers et antithétique, par nature ou par réflexion. A lui s'applique dans sa plénitude une citation qu'il aime à reproduire : multae sunt mansiones in domo patris mei.

Dans ces quelques essais sa physionomie morale apparaîtra donc multiforme et contradictoire, emmêlée de traits qui tantôt s'accordent, tantôt se heurtent. Que le lecteur n'en éprouve ni surprise ni déception ni ressentiment. J'aurais pu, comme d'autres, pousser le portrait soit au noir soit au rose et créer une certaine unité de teinte et d'impression en subordonnant les qualités aux défauts ou réciproquement. Mais la vérité y aurait perdu ce que l'art et la cohésion y auraient gagné. J'ai préféré m'en tenir à l'exactitude et à la ressemblance.

F. V.

AUTOUR DE VOLTAIRE [1]

Voltaire et son homme d'affaires, à Ferney

(d'après quelques inédits)

M. C. Balleidier, administrateur des hospices de Lyon, a bien voulu me communiquer des papiers, qui lui viennent de son grand-père, Joseph-Marie Balleidier, procureur au bailliage de Gex et, par surcroît, homme d'affaires de Voltaire depuis le 28 octobre 1762 jusqu'au 29 décembre 1773. J'ai lu une soixantaine de lettres du « patriarche de Ferney », une du père Adam, une du curé Hugonet, une de Wagnière, deux de Mme Denis, et, de plus, quelques copies de consul-

(1) Cette étude a paru dans la *Revue d'Histoire littéraire de la France*, numéro 1, janvier-mars 1910. Je l'ai remaniée, soit en l'éclairant de quelques rapprochements avec la *Correspondance générale* de Voltaire, soit en ajoutant çà et là quelques passages encore inédits. Plusieurs affaires, qui y étaient exposées, ont fourni le sujet d'études spéciales, notamment l'affaire Père Adam-Bigey et l'affaire Voltaire-Crassy, auxquelles a été donné un développement plus important, enrichi aussi de quelques lignes inédites.

tations juridiques et d'assignations. Si l'attrait littéraire de ces papiers est médiocre, leur valeur documentaire ne l'est pas. Ils nous dévoilent certaines « affaires », dont nous ne savions rien ; sur d'autres que nous connaissions, ils apportent des détails nouveaux. Non pas qu'un Voltaire insoupçonné et, pour ainsi dire, tout battant neuf, surgisse de ces lettres ; mais certains traits de sa physionomie s'animent, s'éclairent d'une flamme plus vive ; des recoins d'ombre s'illuminent. Il apparaîtra dans cette étude avec d'autant plus de relief, que j'ai beaucoup cité, beaucoup transcrit ; je lui ai donné souvent la parole. Au lieu de le présenter, j'ai préféré qu'il se présentât.

On le verra aux prises avec ses voisins d'abord, avec son propre procureur ensuite.

I

Tout procureur rêve, j'imagine, d'un client idéal qui se passionnerait pour la procédure et la chicane. Balleidier réalisa ce rêve : jamais homme n'assigna, ne poursuivit, ne plaida, tantôt avec raison, tantôt à tort, plus que Voltaire. Propriétaire foncier, il exige le respect de tous ses droits.

Défense de giboyer sur ses terres. Il en cuira

au Genevois Quiejo (?) qui s'est permis de « chasser avec des chiens dans ses bois » (1).

Gare à ceux qui voudraient se chauffer à ses dépens. Des femmes ont été surprises en train de ramasser des branches dans son domaine. Aussitôt il écrit à son homme d'affaires : « Si la chose ne coûte pas beaucoup, il est bon de faire un exemple. Je m'informerai, si ces voleuses ont de quoi payer (2)... »

La femme d'un certain Gardet, cabaretier de Saconey, a commis le même délit (3). Voltaire exige qu'elle paye six francs à ses gardes et les frais de l'action entamée contre elle ; « au moyen de quoi M. Balleidier est prié d'arrêter la procédure ; et si elle ne satisfait pas d'abord à ces conditions, on continuera de la poursuivre (4). »

Le vol est parfois plus grave : « Je vous prie, toute chose cessante, de faire descendre la justice à Vallavran chez Bouquet, fermier d'un domaine à Vallavran, dont Charles Bétems de Prégny est propriétaire ; d'interroger le dit Bouquet, à l'occasion d'un délit commis, lequel consiste à avoir coupé des arbres dans le domaine de

(1) Lettre à Balleidier ; 21 novembre 1765.
(2) Lettre à Balleidier ; non datée, mais Balleidier a écrit au dos : le 27 novembre 1763.
(3) Lettre à Balleidier ; 21 novembre 1765.
(4) Lettre à Balleidier ; 25 novembre 1765.

l'Hermitage, appartenant à Mme Denis, situé près de Collovrex.

« Le dit Daniel Bouquet a trouvé le nommé Fatio fils, demeurant à Collovrex, coupant un chêne et faisant des fascines.

« Bouquet s'est saisi d'une grosse branche de cet arbre, et l'a portée à l'Hermitage pour servir de témoignage.

« Le jeune Fatio et son père sont soupçonnés d'avoir coupé une vingtaine d'arbres de mes nouvelles plantations. Ce sont deux Genevois qui ont dans le pays la plus mauvaise réputation (1). »

Voltaire a acheté un petit pré subhasté par un nommé Truches sur le Genevois Abraham Pasteur. Celui-ci abat les arbres de la haie, et Voltaire demande justice : « Je prie M. Balleidier de ne point oublier l'affaire de Pasteur qui continue à couper tous les arbres de la haie qui est entre la pièce subhastée par Truches et le pré et le champ de l'ancien domaine. Le nom de la pièce subhastée par feu Truches contenant trois seytines se nomme Verney, autrefois pré, à présent champ ; et le pré et le champ du propre domaine de l'Hermitage, séparé du ci-dessus par la haie en question, se nomme aussi pré Verney (2). »

(1) Lettre à Balleidier ; 20 janvier 1763.
(2) Lettre à Balleidier ; 15 février 1766.

Encore une affaire analogue : « Nous, Fr. de Voltaire, seigneur actuel de Tournay et de Ferney, avons chargé le charpentier Gaudet d'examiner à la Tuilerie de Christ Clauss la quantité de bois de charpente prise induement dans les bois de Tournay, ce qui reste de ces bois à la porte de la Tuilerie, et combien le dit Christ Clauss a fait de bois de moule à brûler avec les grands chênes qu'il a pris, et ce que peut valoir chaque grand chêne ainsi mal employé en bois à brûler (1). »

Le sieur Crépet prétend qu'il a des droits sur un « petit morceau de terre » planté d'arbres, où il coupe et taille à son gré ! Voltaire pousse les hauts cris : « Mme Denis ne veut le bien de personne. Le morceau de bois dont il s'agit a été très longtemps en litige entre le Sr Diodati, ministre de Genève, et le Sr Pommier, lequel Pommier a vendu ses droits à Mme Denis. Si le Sr Crépet a des droits sur ce petit morceau de terre, il n'a qu'à montrer ses titres justificatifs et alors il faut que Pommier rende à Mme Denis l'argent qu'il a reçu d'elle avec les frais. C'est de quoi M. Balleidier est prié de faire instruire le Sr Crépet par son procureur. A l'égard du bois que le Sr Crépet a coupé, il n'en était certainement pas en droit, puisqu'il avoue qu'il n'a de

(1) Lettre à Balleidier ; 27 décembre. L'année n'est pas indiquée.

prétention que sur une portion de ce bois même. Il savait que son beau-frère, Pommier, avait vendu ce petit morceau par contrat, il devait donc le réclamer en justice, et ne pas le faire couper clandestinement. Si Crépet dans ses défenses dit que ce bien appartient à des mineurs, on ne conçoit pas comment M. Balleidier a pu conseiller d'acheter ce bien de mineurs qu'il faudrait rendre un jour. Il faut donc exiger que le sieur Crépet exhibe ses titres, sans quoi il est impossible d'accommoder cette affaire (1). »

On sait les démêlés de Voltaire avec le président de Brosses qui l'accusait de ne pas user « en bon père de famille » de la forêt de Tournay. Foisset a conté la chose avec beaucoup d'esprit, mais avec quelque animosité, semble-t-il ; il est *brossiste* (2). Les papiers de Balleidier offrent plusieurs renseignements qui ont bien leur prix. A la suite d'une copie du bail passé avec de Brosses, Voltaire ajoute : « Monsieur Balleidier, lorsque M. de Brosses me vendit sa terre à vie, je le crus en tout sur sa parole d'honneur ; il m'a dit et il stipula dans le contrat que la terre valait 3 500 livres de rente ; je ne l'ai jamais pu affermer que la valeur de 1 500 livres. J'ai supporté cette énorme lésion et bien d'autres pendant dix ans.

(1) Lettre à Balleidier ; 6 mai 1769.
(2) *Voltaire et le président de Brosses :* (Paris 1858).

Girod le notaire veut aujourd'hui m'empêcher de prendre mon bois de chauffage dans un bois qui m'appartient par le contrat même. Je dois demander justice (1). »

Une autre feuille porte la supplique suivante, qui n'est pas datée, mais doit être de la même année que l'annotation précédente, puisqu'il y est question de l'affaire Girod :

« Supplie humblement François Marie de Voltaire, chevalier, gentilhomme ordinaire de la chambre de Sa Majesté,

« Disant que le 1er et 19 et autres jours du mois courant, le sieur Girod, notaire de Gex, est venu dans les bois de Tournay troubler les frères Jordanet employés par le dit sieur de Voltaire, les menacer de son crédit dans la ville de Gex, de sa grande puissance, et de les faire saisir par la maréchaussée, leur défendant de sa pleine autorité de plus travailler pour le sieur de Voltaire et d'ébrancher aucun arbre pour son chauffage.

« Desquelles menaces il a résulté une grande perte pour le dit sieur qui se voit obligé d'acheter du bois pour (illisible) le château.

« Il expose aux yeux de la justice la clause du contrat rédigé par le notaire, Girod lui-même,

(1) « Fait à Ferney, 21 décembre 1769. Voltaire »

lequel contrat lui donne pleine jouissance de la forêt (1).

« Et partant demande réparation de la part du dit Girod, avec dépens, dommage et intérêts. »

Décidément les affaires de bois ont été un des grands soucis de Voltaire, de Voltaire propriétaire.

Il en a eu bien d'autres. Voici un métayer qui ne s'acquitte pas de ses obligations : « Le nommé Bouquet, Suisse, fermier de M. Duval à Vérat, et le mien à l'Hermitage, abuse de l'interdiction présente du commerce avec Genève pour ne point payer deux années qu'il me doit ; il a résilié, comme vous savez, son bail ; ainsi il n'a nulle excuse. Voyez si vous pouvez obtenir un décret contre lui. Il mérite punition (2)... »

Mérite aussi punition Isaac Vernet, qui creuse un puits... sur les terres de Mme Denis. Il est même doublement coupable ; car « il ne manque pas de source d'eau sur ses fonds ; et s'il en avait manqué, devait-il creuser un puits sur le terrain des voi-

(1) Voltaire exagère ici. D'après le contrat, il « aura la pleine jouissance de la forêt de Tournay », mais à la condition de ne pas la détruire, « c'est-à-dire en y laissant par chaque pose (27 ares environ)..... soixante arbres de ceux qui sont sur ce pied ; et elle sera remise en défenses pour croître en taillis ».

(2) Lettre à Balleidier ; 10 janvier 1767.

sins, sans demander leur agrément, sans offrir une indemnité ? (1) »

Et M. Pélissari qui usurpe un chemin ? «Lorsque M. de Voltaire eut acheté l'Hermitage, les voisins lui représentèrent son droit ; ils avaient tous vu M. Pélissari enclaver ce chemin dans son bois et faire un fossé pour assurer son usurpation. M. de Voltaire chargea le sieur Vuaillet de poursuivre cette affaire. Feu M. Pélissari engagea le sieur Vuaillet à ne point poursuivre ; il en est encore temps (2)... » Et le lendemain « M. de Voltaire et Mme Denis prient M. Balleidier de songer sérieusement à l'affaire du chemin usurpé par M. Pélissari ; il a laissé un fils qui est absent ; mais on croit qu'on peut signifier un exploit à sa mère ou à ses sœurs ou à son principal domestique, demeurants au grand Saconey (3). »

Caumel, à qui Mme Denis a abergé un champ, ne solde pas ses dettes. Qu'il ne s'en prenne qu'à lui, si on l'expulse : « Notre contrat avec Caumel dit expressément, en s'en rapportant à un autre contrat précédent, que *s'il ne paye pas quinze jours après l'expiration du terme, après néan-*

(1) Extrait d'une consultation donnée à Mme Denis par l'avocat Christin ; à Ferney, le 12 avril 1773.
(2) Lettre à Balleidier ; 29 juillet 1764.
(3) Lettre à Balleidier ; 30 juillet 1764.

moins avoir été averti, il pourra être expulsé et le présent abergement sera résolu sans aucune formalité de justice (1). Nous allons nous emparer de notre bien (2). »

La conduite de ce Caumel est louche ; il a dû s'entendre avec un certain Sartoris qui enlève les récoltes du petit bien en question. Voltaire y met bon ordre : « Nous pensons, Monsieur, qu'il faut poursuivre sur le champ le nommé Sartoris, Genevois, qui s'est ingéré de couper les foins du champ abergé à Caumel sans aucun droit. Demander dépens, dommages et intérêts et mettre un gardien aux productions qui sont encore sur terre, tant les coupées, que celles qui sont encore à couper... Nous commençons par demander raison à Sartoris des fruits qu'il a pris induement sur terre, et des dommages qu'il a causés. Il demeure au Jong, près du grand Saconney, nous vous prions de lui envoyer sur l'heure un huissier. Il ne sera pas dit que les Genevois viendront ici nous molester impunément (3). »

Mme Denis avait aussi « abergé et remis à titre

---

(1) Souligné par Voltaire. Abergement : bail lequel on cède, pour un temps ou à perpétuité, la jouissance d'un terrain moyennant une redevance annuelle.

(2) Lettre à Balleidier ; 18 auguste 1770. Signée : Voltaire pour madame Denis.

(3) *Ibidem.*

de rente perpétuelle au sieur Claude-Etienne Maugié (1), natif de Paris, marchand orfèvre, demeurant au dit Ferney... deux maisons neuves jointes ensemble avec deux jardins, et un champ, le tout contigu... le présent abergement fait moyennant le prix et somme de deux cent dix livres de rente annuelle, et outre ce deux sols de cens annuellement (2) ». Or Maugié ne tient pas ses engagements. Mme Denis demande à rentrer dans son bien. Mais « elle ne serait pas pour cela payée d'environ quarante louis que Maugié lui doit à présent. M. Balleidier est prié de faire toutes les diligences nécessaires pour que Mme Denis ne perde rien. S'il peut présenter requête pour que Maugié soit contraint par corps, il est prié aussi de prendre cette voie en cas qu'elle soit compatible avec les démarches qu'on a déjà faites (3)... »

Mme Denis réclame tous les biens de ceux qui ne tiennent pas leurs engagements. D'autres lui réclameront, et réclameront à Voltaire soit des terres soit des redevances.

Pasteur revendique un champ. Voltaire s'in-

---

(1) Ce Maugié est l'un des témoins qui ont signé les « professions de foi catholique faites par Voltaire devant maître Claude Raffo, notaire, le 31 mars et le 15 avril 1769.

(2) Extrait de la copie d'un contrat passé le 8 janvier 1767 par-devant Pierre-François Nicod, notaire royal au bailliage de Gex.

(3) Lettre à Balleidier ; 7 juin 1770. Signée : Voltaire pour madame Denis

forme : « Pasteur est-il en droit de reprendre possession sur moi, comme il le dit ? en me remboursant (1). »

La veuve « de Lagrange, native de Genève..., ayant abjuré, prétend avoir obtenu le droit de rentrer dans ses biens situés au pays de Gex, à Saint-Jean, à Thoyré, à Fayère, et ailleurs (2) ».

Il est dangereux d'obliger les gens; on s'expose à perdre sa créance et à ne recevoir aucun témoignage de reconnaissance. Si d'aventure on expulse le débiteur soit du bien qu'on lui a cédé, soit du domaine sur lequel on lui a prêté, on n'échappe pas au soupçon d'inhumanité qui, dans le second cas, s'aggrave d'un soupçon de préméditation et de calcul intéressé. Nicolardot, après de Brosses, accuse Voltaire d'avoir fait le bon apôtre avec Bétemps et de lui avoir accordé des avances pour se saisir de sa propriété (3). Les lettres à Balleidier ne réduisent pas à néant cette accusation ; mais elles permettent de croire qu'elle a été portée à la légère, dans un esprit de médisance, sinon de calomnie : Voltaire a tiré Bétemps de prison, il lui a consenti des prêts à plusieurs reprises et sans exiger d'intérêt, et si à la longue il a fini par s'im-

(1) Lettre à Balleidier ; 29 juin 1760, aux Délices.
(2) Lettre à Balleidier ; 18 décembre 1762.
(3) Nicolardot, *Ménage et Finances de Voltaire* (Paris, Dentu, 1887) ; tome I, p. 257 et suiv.

patienter, c'est que son débiteur ne manifestait aucune intention de s'acquitter.

L'affaire se résume ainsi : Bétems, incapable de rembourser une certaine somme avait été emprisonné à Genève. Votlaire acquitte ses dettes, le rend à sa terre et à ses travaux. Mais le malheureux vassal, pour avoir été tiré de son cachot, n'est pas tiré d'affaire : « Je ne suis point, Monsieur, écrit Voltaire, tenu de payer les domestiques de Bétems ; je lui ai prêté de l'argent sans intérêt pour le tirer de prison ; et par le contrat que j'ai bien voulu faire avec lui, il est dit expressément que je ne dois entrer dans aucune de ces dettes ; je me suis même réservé le droit de vendre sa terre que je voulais lui conserver en cas qu'il arrivât la moindre difficulté. S'il doit de l'argent à ses domestiques, qu'il les paye. J'ai déjà avancé pour lui 4.400 livres. Madame Donop menace encore de saisir sa terre pour d'anciennes dettes. Je ne peux pas me ruiner pour sauver toujours cet homme. Il faut qu'il s'accommode avec les créanciers dont vous parlez ; qu'on lui fasse peu de frais, parce qu'il est très pauvre ; je pourrai lui prêter encore un peu d'argent pour cette affaire, mais très peu, parce que j'en ai fort peu (1). »

---

(1) Lettre à Balleidier : 29 décembre 1759. Aux Délices.

Les choses se gâtèrent encore. Trop endetté, trop inhabile, trop malchanceux ou trop improbe, Bétems demeurait insolvable : « J'envoie à M Balleidier le contrat passé avec Bétems. Je le prie de présenter requête pour saisir son domaine de Vallavran, requête fondée sur ce que je lui prêtai de l'argent en 1759 sans intérêt pour le tirer des prisons de Genève, où il était détenu pour dettes... qu'ensuite je lui prêtai une somme plus considérable par le contrat ci-joint, que je lui remis encore une partie de cette somme, ainsi que le prouve la déclaration du 25 novembre 1761, ci-jointe ; que le dit Bétems n'ayant répondu à tant de bontés que par l'ingratitude, et ne m'ayant jamais payé, je dois rentrer de plein droit dans son domaine de Vallavran, selon qu'il est porté dans le contrat ci-joint (1). »

L'une des affaires les plus importantes fut celle de l'horloger, noble de Choudens. Celui-ci avait six mille francs de dettes ; au nom de Mme Denis, Voltaire désintéresse les créanciers et prend possession de son petit bien, à Colovrex, sur la route de Tourňay à Perney (5 avril 1759). Mais une partie de ce fonds était abergée des domaines de Saint-Victor et ressortissait à la seigneurerie de Genève. Pour éviter les difficultés, Mme Denis sollicite la

(1) Lettre à Balleidier ; 15 février 1766.

résiliation du contrat. Choudens refuse et l'assigne, les magistrats de Genève la condamnent. Voltaire en appelle au duc de Choiseul, à qui il adresse un mémoire (2 mai 1760) : « Un Genevois nommé Choudens a vendu à la dame Denis ce qui ne lui appartenait pas.

Le Genevois ose assigner une sujette du Roi, veuve d'un officier du Roi, par devant les juges de Genève, parce que si ce Genevois stellionataire était traduit devant les juges de France, il serait puni, et qu'il se flatte d'être ménagé à Genève, attendu qu'étant maître horloger et bourgeois il est au nombre des quinze cents souverains seigneurs égaux au Roi.

Il prend prétexte sur ce que le notaire de Gex a eu la sottise, en dressant le contrat, de mettre que la dame Denis demeure au territoire de Genève. Mais la dame Denis a protesté contre cette inadvertance.

Les fonds ressortissent à la juridiction dans laquelle ils sont situés ; le fonds vendu par le stellionataire est en France. La dame Denis ne peut reconnaître que les juges royaux (1). »

Interrogé par Choiseul, le résident de France à Genève, M. de Montpéroux, répond que le tribu-

---

(1) Cité par F. Caussy, *Voltaire, Seigneur de Village* (Paris, Hachette, 1912) ; p. 84.

nal suisse n'avait pas à connaître de cette affaire. Voltaire négocie, et, grâce aux bons offices du conseiller François Tronchin, il obtient que la République de Genève renonce à ses droits sur le domaine de Choudens, moyennant une somme de trois cents livres, « argent courant de Genève (1). »

Une dizaine d'années après, Choudens, qui a gagné quelque argent, demande à rentrer dans ses biens, et cette fois Mme Denis refuse la rescission qu'elle avait sollicitée auparavant. Le domaine était en mauvais état, lorsqu'elle en était devenue propriétaire ; elle l'avait améliorée. Qu'à cela ne tienne, riposte Choudens, « il ne sera pas difficile de trouver des experts qui l'auront vu dans le temps de la vente, ou qui se feront assister d'indicateurs qui l'auront pareillement vu (2). »

Mme Denis préfère que les choses traînent en longueur. Le 15 mars 1769, les Choudens l'assignent. Elle prétend qu'absente elle n'a pas été touchée par l'assignation ; « elle avait quitté le château, depuis plus d'un an, pour retourner à Paris, qui est son domicile de naissance (3) ». Les Choudens ripostent : « Il est très important d'ob-

(1) Henry Tronchin, *Le Conseiller François Tronchin et ses amis* (Paris, Plon, 1895) ; p. 124.

(2) Extrait d'une copie de la consultation donnée par Bullier le 18 novembre 1769.

(3) Extrait d'une copie de la consultation donnée par Bullier, le 18 novembre 1769.

server que la dame Denis est dame de Ferney, que depuis bien des années elle y demeure avec M. de Voltaire, son oncle, que le château a toujours été habité par les mêmes personnes et avec les mêmes domestiques pendant que la dame Denis a été absente ; elle avait tout au plus emmené sa femme de chambre, elle avait dans son château ses meubles et ses domestiques..., il n'a donc jamais cessé d'être son domicile ; d'où il suit que l'assignation en cet endroit est bonne et valable.

« On ne pouvait savoir où la dame Denis était allée ; on présumait avec fondement qu'elle faisait un voyage pour quelques affaires : souvent et surtout à Paris les affaires sont de plus longue durée, que l'on ne le désirerait ; au surplus on ne pouvait deviner qu'elle fût à Paris.

« L'événement a fait connaître qu'elle n'avait pas eu l'intention de changer de domicile, puisqu'elle est revenue au château de Ferney, où elle fait présentement sa résidence.

« Elle compare mal à propos sa demeure à Ferney avec celle qu'elle avait aux Délices ; ce dernier lieu avait été cédé à vie à M. de Voltaire ; Ferney, au contraire, appartenait à la dame Denis; elle était chez monsieur son oncle, aux Délices ; et à Ferney, M. de Voltaire est chez elle (1). »

(1) Extrait d'une copie de la consultation donnée par Bullier, le 18 novembre 1769.

Mais Voltaire menace. Le 2 juin 1770, il donne ses instructions à Balleidier : « Si Choudens ose poursuivre, on l'assignera au conseil du roi comme fripon ayant surpris lettres de rescission sur un exposé faux dans tous les points » (1). Le 7 juin, il ajoute : « A l'égard de Choudens, les avocats disent qu'il n'est pas recevable à plaider au fond, attendu que les lettres de rescission ne sont obtenues que sur un faux exposé, et qu'il est évident qu'il a fait plusieurs friponneries à madame Denis » (2). Le 24 décembre (1770 ?) il indique son intention d'aller de l'avant : « Visite d'experts ne doit point être admise quand il est prouvé que le domaine vendu rapportait moins que l'argent reçu par lui. Non seulement Mme Denis prouvera par les baux et par les taxes, que Choudens ne recevait que 200 l. annuellement de ce domaine ; mais elle demandera qu'on interroge Mme de Donop, à qui les Choudens voulurent vendre pour 5.000 l. la portion qu'ils vendirent 6.000 à Mme Denis. Préalablement, Mme Denis veut actionner Choudens pour extorsion et vol. On a retrouvé la soumission des Choudens par laquelle ils s'engageaient à ne demander jamais aucun arrérage de l'argent demeuré entre les mains de Mme Denis pour payer

(1) Lettre à Balleidier ; 2 juin 1770.
(2) Lettre à Balleidier ; 7 juin 1770, signé : Voltaire pour madame Denis.

leurs créanciers ; et cependant ils se sont fait payer ces intérêts. Ils reçurent un reste de payement à Ferney et ils s'enfuirent sans donner quittance, en présence de Landri et de Fay. Ce Fay est à Paris. Il faudra (donner) ordre pour les faire interroger tous deux (1). » Le 29 décembre il adresse à Balleidier une lettre explicite et minutieuse :

« Monsieur Balleidier est prié de dire pourquoi on ne peut être admis à faire valoir le témoignage de Mme de Donop, lorsque ce témoignage démontre que Choudens l'a sollicitée pendant un an d'acheter pour cinq mille livres un terrain qu'il a vendu six mille livres (à madame Denis), et qu'il se plaint d'avoir été lésé dans cette vente.

« Par quelle étrange loi, ou par quelle injustice ne permettrait-on pas d'insister sur une preuve aussi convaincante de la mauvaise foi de Choudens ? Cela paraît absurde.

« On demande ensuite pourquoi on ne serait pas admis à requérir en justice le témoignage de deux personnes qui ont vu Choudens recevoir de l'argent sans en vouloir donner quittance.

« Ces préalables ne serviraient-ils pas à démontrer sa friponnerie, et à faire voir qu'un pareil homme fait une demande injuste et dépose ridiculement qu'on lui fait une lésion énorme ?

---

(1) Lettre à Balleidier : 24 décembre. L'année n'est pas indiquée.

« Peut-être monsieur Balleidier a-t-il entendu que la permission d'interroger les deux témoins sur la friponnerie de Choudens était une question étrangère à l'affaire, et qui devait être renvoyée après le jugement. En ce cas nous demandons si du moins cet incident ne serait pas un préjugé très fort contre les Choudens, et si ce ne sont pas de tels préjugés qui conduisent à la fin de non-recevoir ?

« Choudens allègue dans son mémoire qu'il n'a vendu son domaine que parce que le sieur Chenaud lui avait fait une banqueroute. Mais il est très faux que le sieur Chenaud lui ait jamais dû un sou ; et au contraire nous aurons la preuve que c'était Choudens qui était le débiteur de Chenaud.

« Madame Denis ne pourrait-elle pas demander pour préalable de faire assigner Chenaud pour démontrer la fausseté de toutes les allégations de Choudens ?

« Ce Choudens allègue encore qu'il n'a point fait de tort à madame Denis en lui cachant qu'une partie du domaine était mortaillable de la République de Genève, et en osant dire que madame Denis a été affranchie par la République de ce droit de mainmorte. C'est la plus insigne fausseté. Madame Denis ne peut-elle être reçue à requérir qu'il lui soit accordé de faire venir de Genève les certificats du contraire ?

« Toutes ces choses préliminaires ne sont-elles pas nécessaires ?

« Comme elles exigeront des déboursés, madame Denis peut-elle offrir de mettre en dépôt une somme d'argent à Gex, et requérir que Choudens mette aussi une somme d'argent en dépôt (1) ?... »

L'affaire traîna si bien qu'en 1788 elle n'était pas terminée. Une consultation signée Virely (6 août 1788) fournit quelques éclaircissements. Les deux parties avaient eu recours à une transaction, le 14 juin 1776. Mme Denis devait remettre certains titres : elle ne les remit pas ; les Choudens devaient payer une certaine somme : ils ne la payèrent pas. Et Virely conclut sagement : « Sous prétexte que les titres n'étaient pas remis, les sieurs de Choudens n'auraient pas dû retenir par leurs mains la somme de 500 l. Ils ont eu tort de ne pas payer au terme convenu, et de son côté la dame Denis a eu tort de ne pas faire la remise des titres, ainsi qu'elle y était obligée. »

L'affaire Vachat est moins longue et moins compliquée ; elle est plus désagréable en ce sens qu'elle se termine par une condamnation formelle. La *Correspondance Générale* contient une lettre à M. Perrand, chanoine d'Annecy, que l'éditeur ne

(1) Lettre à Balleidier ; 29 décembre 1770.

sait à qui attribuer : (1) « Cette lettre, dit une note, fut écrite au nom de quelque habitante de Ferney ou de Tournay (2). » Elle est de Mme Denis, incontestablement, comme le croit Beuchot ; certains détails ne laissent aucun doute ; en laisseraient-ils que les lettres à Balleidier suffiraient à les lever et à changer en certitude l'hypothèse de Beuchot.

Vachat, fermier du chapitre de Saint-Pierre, réclamait le payement de lods et ventes pour un terrain qui relevait du chapitre et se trouvait enclavé dans le jardin de Ferney. Mme Denis estime qu'il exige un « prix exorbitant » et se plaint : « Il suppose, dans son exploit, qu'il y avait une maison sur ce terrain, et il est évident, par son exploit même et par le plan levé en 1709, que le terrain en question confinait à cette maison ou masure ; ainsi il accuse faux pour embarrasser et intimider une veuve qu'il croit hors d'état de se défendre.

Les deux arpents qui vous doivent un cens sont un terrain absolument inutile, que j'ai enclavé

---

(1) *Œuvres complètes de Voltaire* (Paris, Lequien, 1820-1826) ; à M. Perrand, chanoine d'Annecy, 24 avril 1767 ; tome 65, pp. 373-375.

(2) Cette note reproduit textuellement une note de l'édition de 1785 (Imprimerie de la Société littéraire typographique), tome 60, p. 169. Beuchot la reproduit aussi, mais ajoute que la lettre est « plutôt de madame Denis, pour qui Voltaire avait acheté la terre de Ferney » (*Œuvres de Voltaire*, tome 64, p. 188).

dans mon jardin, et qui ne produit rien du tout. Il y avait autrefois dans un de ces arpents une petite vigne entourée de gros noyers, lesquels subsistent encore, et qui, par conséquent, ne valait pas la culture. Ce peu de vigne a été arraché il y a longtemps. Vous savez, monsieur, ce que valent les vignes dans ce pays-ci ; vous savez que les paysans ne veulent pas même boire du vin qu'elles donnent.

Et à l'égard de l'autre arpent sur lequel il y a aujourd'hui des arbres d'ombrage plantés, vous savez que ce qui ne produit aucun avantage n'a pas une grande valeur. Les terres à froment même ne sont estimées dans ce pays-ci que vingt écus l'arpent ou la pose. Quand on évaluerait ces deux poses ensemble à cent écus, je ne devrais au sieur Vachat que le sixième de cent écus, qui fait cinquante livres...

Il veut me ruiner en frais ; il a pris pour m'assigner le temps où j'étais très malade, et où je ne pouvais répondre ; il m'a fait condamner par défaut ; il m'a traduite au Parlement de Dijon. »

L'argumentation de Mme Denis manque de solidité. D'abord la maladie dont Vachat aurait profité pour obtenir une condamnation par défaut, n'a laissé aucune trace dans la *Correspondance Générale ;* et Voltaire a tant usé, et abusé, de ce subterfuge, que sa nièce éveille quelque défiance lorsqu'elle le reprend et l'utilise pour son propre compte. Du reste, à supposer que cette maladie n'ait pas été imaginaire, mais réelle et même grave, on ne voit pas pourquoi Voltaire n'aurait pas représenté ou fait représenter sa nièce en justice. N'est-ce pas lui, au fond, qui était le véritable propriétaire de Ferney et qui, en matière d'achats, de ventes, d'échanges, de payements, de procédure et de procès, dirigeait et contrôlait toutes choses à son gré, sauf à faire apposer par Mme Denis la signature nécessaire ?

Ensuite le développement sur les deux arpents et leur soi-disant inutilité est sans force et inopérant. Leur prix dépend de ce qu'ils rendaient au moment de la vente, non de leur rendement actuel. Mme Denis n'en tire aucun revenu, parce qu'elle les a convertis en jardin d'agrément ; mais ils étaient auparavant des terres de rapport. Elle s'évertuera en vain à nier la fertilité du sol et à discréditer la qualité de ses produits (vins ou froment) ; on ne prend pas au sérieux quiconque s'acharne à rabaisser son bien et à le sous-estimer pour acquitter des redevances moins fortes. Sans compter que les deux arpents donnent une plus-value au jardin, où ils sont enclavés ! La commodité s'achète ; elle a une valeur marchande, comme la fertilité elle est même une denrée de luxe.

Enfin la somme à payer pour les lods et ventes

sera plus forte, naturellement, s'il y avait autrefois une maison. Mme Denis est d'autant moins convaincante que Voltaire, dans une lettre à Balleidier, ne fait pas ce distinguo et nie purement et simplement l'existence de la maison : « J'ai le plan levé en 1709 par lequel il est démontré qu'il n'y a jamais eu de maison en cet endroit. Le sieur Vachat peut venir quand il voudra avec tous les commissaires de la province. Mes commissaires sont les anciens témoins, et le curé, et le lieu lui-même. Toute la difficulté consistait dans la fausse supposition qu'il y avait eu une masure dans le terrain susdit. Il n'y en a jamais eu. »

Il ajoute : « J'ai fait des offres convenables (1). » Il les juge plus que convenables, il les juge libérales et généreuses, triples de ce qu'exigerait la stricte équité, et il lance une belle phrase tendancieuse sur la justice qui défend la veuve (Mme Denis) contre l'oppresseur (Vachat) : « Madame Denis ne se conduit que par les conseils de M. Arnoult (2) ; il lui a conseillé de faire au sieur Vachat des offres plus fortes que ne le comporte l'objet dont il est question. Madame Denis doit tout au plus cinquante francs, elle offre en justice environ le triple, non pas pour que le sieur Vachat en pro-

---

(1) Lettre à Balleidier ; 3 mai (1767).
(2) Avocat à Dijon.

fite, mais pour le mettre dans son tort aux yeux du parlement. Lorsqu'on a fait des offres si fortes, les frais retombent toujours sur le chicaneur avide et sur l'oppresseur qui ont voulu mettre le pied sur la gorge aux veuves que la justice prend sous sa protection.

Mme Denis recommande à M. Balleidier de faire les offres sans délai, juridiquement ; et de déposer l'argent. Il faut faire l'offre en ces termes à peu près. La dame Marie-Louise Denis, etc., ayant été assignée par Vachat, etc., fermier du chapitre de Saint-Pierre pour lui payer des lods et ventes qui sont au profit du dit Vachat et consorts au sujet d'environ deux poses de terrain enclavé dans son jardin de Ferney, n'ayant pu répondre au dit Vachat cet hiver pendant qu'elle était attaquée d'une maladie dangereuse, et ayant su qu'en cas que la dette réclamée par le dit Vachat fut légitime, elle se montait à environ 40 ou 50 livres, fait judiciellement et réellement offre de six louis d'or qu'elle dépose au greffe du baillage, etc., pour prévenir les frais immenses dont ledit Vachat l'a menacée plusieurs fois ; protestant contre les vexations du dit Vachat, et se réservant tous ses droits (1). »

---

(1) Lettre à Balleidier ; 11 mai 1767. Signée : Voltaire pour madame Denis.

Mme Denis perd son procès pour la seconde fois ; Voltaire, vexé, soupçonne le conseiller Arnoult de l'avoir desservi ; mais il s'exécute et verse la somme fixée par les juges, avec autant de hâte qu'il avait mis de retard à répondre à la première assignation : « Vous n'avez que trop raison, Monsieur, M. Arnoult est parent du sieur Vachat; on a fait juger que les offres que vous aviez faites n'étaient point réelles. Mme Denis est condamnée aux frais qui se montent à trois louis d'or.

« On me mande qu'il faut que je donne les 144 (?) et les trois louis, ce qui se monte à neuf louis d'or. Je vous prie de dire sur le champ à M. Nicod qu'il porte les neuf louis d'or à Vachat, qu'il en tire une quittance, et qu'il me l'envoie ou qu'il me l'apporte (1). »

Dans un post-scriptum, il manifeste sa surprise, non pas du verdict, mais du fait que les offres n'ont pas été jugées réelles et il en demande l'explication à Balleidier. Nous n'avons pas la réponse ; elle est facile à imaginer. Vachat réclamait dix louis, ce qui était excessif ; Voltaire n'en consignait que six, ce qui était insuffisant : les offres étaient réelles, au sens profane du mot ; elles ne l'étaient pas, au sens juridique, puisque la

(1) Lettre à Balleidier ; 16 juillet 1767.

somme déposée doit être égale à la totalité de la somme due et des frais.

Propriétaire, Voltaire a le désir bien naturel d'arrondir son bien : « Je le (M. Balleidier) prie de m'informer s'il est vrai que les Jésuites abandonnent Ornex, si on pourrait acquérir quelque terre de leur domaine, et à qui il faudrait s'adresser (1) ». Il cherche à acquérir les parcelles enclavées dans sa propriété : « Je vous prie de me dire si les sœurs de la Charité ont fini à Dijon leur poursuite contre Bétems de Moëns et si on subhastera (2) le bois qu'il a au milieu des bois de Ferney (3) ».

A Pasteur il achète un « morceau de terre joignant celui qu'il a acquis à l'Hermitage (4) » ; à Pommier, un « morceau de bois (5) ».

Comme il convoite les biens de la dame Burdet, bourgeoise de Magny (6), il la défend, il l'éclaire de ses conseils dans une affaire assez épineuse. Douze lettres ont trait à cette dame. Voici la plus

(1) Lettre à Balleidier ; 25 mars 1763. Aux Délices.

(2) Vendre aux enchères.

(3) Lettre à Balleidier ; 23 mai 1764. Aux Délices.

(4) Lettre à Balleidier ; 25 mars 1763. Aux Délices.

(5) Lettre à Balleidier ; 6 mai 1769.

(6) C'est chez cette dame qu'avait eu lieu le scandale du 28 décembre 1760 : le curé de Moëns, Ancian, s'était livré à des voies de fait sur elle et plusieurs jeunes gens qui étaient avec elle, et Voltaire l'avait fait poursuivre en justice par le nommé Ambroise Decroze, père de l'un d'eux.

importante : « Par la coutume de Bourgogne tout père est usufruitier du bien de ses enfants. Reste à savoir s'il en est de même à Gex. Par l'emprunt des 5.000 livres fait par Frésier à sa femme, mère de la dame Burdet, il se soumet à payer cette somme aux ayant cause de sa femme. Ceci est un cas différent. La dame Burdet est ayant cause, et quand Frésier dit qu'il est usufruitier de cet argent, il plaide contre sa signature. Il faut voir comment est conçue la quittance que la dite Burdet a déjà faite à son père de 1.000 livres sur ce qui doit lui revenir de sa part des 5.000. Si vous consultez, expliquez nettement l'affaire. Envoyez à Dijon; je payerai les frais (1). » Payer les frais ? On ne saurait être plus galant homme. Mais attendons la fin. Voltaire va nous dévoiler les raisons de cette générosité apparente :

« Je souhaite pouvoir acheter avec sûreté entière ce bien Burdet subhasté. Il faut considérer de plus que le peu de vignes qui sont dans ce bien sont ruinées, qu'il y a des bois et ventes à payer, que tout ce fond étant entièrement en roture, il ne doit pas coûter plus du denier vingt, y compris tous les frais, tous les droits, et les réparations.

« Ainsi je prie M. Balleidier de voir avec Corboz

---

(1) Lettre à Balleidier ; 4 juin 1763

ce que cela vaut, et de me le faire avoir au meilleur marché possible.

« Par l'examen qu'on vient de faire du terrain subhasté, il peut valoir cinq louis de rentes, tous frais faits.

« Et comme il y a des lods et ventes à payer, il faut tâcher de me faire avoir cette pièce pour 1.500 livres d'achat principal (1). »

Les affaires sont les affaires.

Propriétaire, Voltaire tient à repeupler et à enrichir un pays pauvre en hommes et en ressources. Il oblige les gens par des prêts. Bétems est son débiteur de 4.400 livres (2) ; Vuaillet de 1.000 écus (3); Etienne de Crassy, de 1.800 livres (4); Durand, de 655 florins (5). D'un certain Granvier, je trouve le reçu suivant, dont je respecte l'orthographe : « Dans six mois présix je payrai à l'ordre de Monsieur Devoltaire la somme de vints louis d'or, valeur reçue. Fait à Fermey le vingt-cinq aoust 1772. » Voltaire se transforme en banquier; par les sommes qu'il avance, il facilite les affaires,

(1) Lettre à Balleidier ; non datée ; portant ce post-scriptum : « Il faut prendre à Ferney le *Jules César* de Shakespeare et la bibliothèque des théâtres. »

(2) Lettre à Balleidier ; 29 décembre 1759. Aux Délices.

(3) Lettres à Balleidier ; 3 novembre 1762 ; 1er janvier 1763 ; 21 mai 1773 ; 23 mai 1764.

(4) Lettre à Balleidier ; 25 mars 1763. Aux Délices.

(5) Lettre à Balleidier ; à Ferney, 29 juillet 1764.

il permet aux uns de réclamer en justice, aux autres d'acquérir un bout de champ, de bâtir, surtout de bâtir.

Il désirait que la région se couvrît de constructions : « M. de Voltaire et madame Denis prêtèrent à l'appelant (Jean-Pierre Roget, demeurant à Prégny) en 1778 une somme de 8.000 livres à condition qu'il bâtirait une maison dans le terrain qu'il avait acquis du Sieur de Floran et qu'il leur payerait une rente viagère de 600 livres (1). » Malgré sa passion âpre, quasi paysanne, pour la terre, il cède des parcelles de son domaine, afin que la région s'orne de bâtisses et de potagers. Par contrat du 10 décembre 1762 il donne à Jean-Joseph Desplace et à André Guillot, tous deux de la paroisse de Samoëns, un terrain de dix toises de long sur neuf de large « pour y bâtir une maison et y faire un jardin », le tout moyennant « une cense de deux sols par année ». Le 25 novembre 1763 il accorde au charpentier Landri un lot assez considérable, qu'il augmente encore le 25 août 1765 (2).

Des marécages empoisonnaient la région de Ferney; il y porte remède : « J'ai obtenu du Conseil (3)

---

(1) Extrait d'une copie d'une pièce du 5 janvier 1787, signée de deux conseils dont l'un est Balleidier.

(2) Extrait d'une copie de la sentence d'arbitrage portée par Voltaire le 28 mars 1767.

(3) A Mr de Courteilles, il avait présenté une requête appuyée par le comte d'Argental. Voir *Œuvres complètes*

le desséchement des marais qui infectaient la province et qui y portaient la stérilité (1). » Plus tard Mme Denis le louera de son œuvre d'assainissement : « Il fait plus de bien à la province qu'aucun homme en place n'y en a fait depuis plusieurs siècles : il fait dessécher tous les marais qui infectent le pays (2). » A un de ses correspondants il se vante lui-même d'avoir desséché « des marais empestés (3) » ; et quelques lignes à Balleidier montrent son souci à cet égard : « Si M. Balleidier m'avait instruit plus tôt des démarches qui sont nécessaires pour faire écouler les eaux des marais, j'aurais déjà mis tout en règle (4). »

Pour améliorer un pays, on trace des routes, on entretient au moins celles qui existent. Voltaire somme « les syndics de Prégny et Chambésy, de faire travailler sans délai à leur chemin tendant de Prégny au territoire de Genève, d'y porter du gravier et y faire tout ce qui sera nécessaire » ; et il menace de « mettre à l'amende les deux vil-

---

de Voltaire ; op. cit. ; à d'Argental, 9 janvier 1761 ; tome 61, p. 402.

(1) *Œuvres complètes de Voltaire ; op. cit* ; à Mme de Fontaine, Ferney, 1er février 1761 ; tome 61, p. 442.

(2) *Œuvres complètes de Voltaire ; op. cit.* ; Mme Denis, à l'évêque d'Annecy, février 1768 ; tome 66, p. 151.

(3) *Œuvres complètes de Voltaire ; op. cit.* ; à l'abbé Baudeau, août 1775 ; tome 69, p. 79.

(4) Lettre à Balleidier ; 8 octobre 1763.

lages, et y envoyer la maréchaussée (1) ». Quatre jours après, il demande à Balleidier « ce qu'il a fait, ou ce qu'il fera touchant le chemin de Prégny à Genève, qui devient impraticable (2) ». Le 23 février, il lui enjoint « de la manière la plus pressante d'envoyer un sergent aux syndics de Prégny et de Chambésy, et de les forcer à travailler pour leur bien à un chemin qui est absolument nécessaire, et qu'ils ont la bêtise de rendre impraticable (3) ».

Une route ombragée est plus agréable. « La dame Denis... ayant travaillé à faire combler et aplanir une lisière de terre, composée de petits monticules et de précipices, pour y planter des arbres le long du grand chemin de Gex à Genève ;... la dite dame se voyant troublée dans ses travaux par les Hardins, habitants de Saconey, supplie M. le lieutenant général d'ordonner que les Hardins représentent leurs titres, s'ils en ont, et que, s'ils n'en ont point, ils laissent la dite dame travailler à l'ornement et à l'utilité de la province (4). »

Soigneux du bien-être matériel de la province, Voltaire prend des précautions contre les épizoo-

(1) Lettre à Balleidier ; 10 février 1763.
(2) Lettre à Balleidier ; 14 février 1763.
(3) Lettre à Balleidier ; 23 février 1763.
(4) Copie d'une supplique non datée.

ties : « La conservation des bestiaux étant de la plus grande importance dans notre malheureux pays, j'ai fait dire au nommé Fretter, l'un des bouchers de Ferney, que s'il n'apportait pas un certificat pour les trois bœufs qu'il acheta, il y a près de quinze jours, je le chasserais de Ferney. J'en ait fait dire autant au nommé Abraham Meunier... qui paraît un homme très suspect et très dangereux, capable d'infecter tout le pays pour gagner dix sous... (1) »

Il faut enfin que le pays soit sûr, purgé des fauteurs de désordres et des malandrins. « Antoine Bramevel... et Gabriel Larchevêque, de Bossi, se sont emparés de la maison de leur mère et belle-mère, veuve Bramevel, l'ont chassée violemment de sa maison sise à Ferney, en ont aussi chassé leur sœur, qui se sont réfugiées au château ; ils menacent d'assommer quiconque voudra entrer dans la maison qu'ils ont usurpée. Il est nécessaire de réprimer ces scandales et d'envoyer sur-le-champ la maréchaussée saisir ces deux coquins (2). »

Quand l'esclandre ne prend pas des proportions excessives, il adoucit les mesures de rigueur ; et,

(1) Cette lettre, écrite à M. Fabri, chevalier de l'ordre du roi, subdélégué à Gex, se trouve parmi les papiers de Balleidier. Elle est datée du 8 février 1773.

(2) Lettre à Balleidier ; 20 juillet 1764. Signée : Voltaire pour madame Denis.

d'accord avec lui, le curé Hugonet, « homme aussi tolérant que généreux » (1), sollicite l'indulgence de Balleidier dans une affaire d'ivrognes : « Je vous suis infiniment obligé d'avoir bien voulu avoir égard aux plaintes que je vous ai portées contre nos buveurs de Ferney. Ils sont consternés de l'assignation que vous leur avez fait donner, et ont promis de ne plus récidiver. J'ai été touché de leur humiliation, et leur ai promis que j'aurais l'honneur de vous voir à ce sujet dans le courant de la semaine prochaine. Tous les cabaretiers sont sur leur garde. Pour la première fois je crois qu'il faut céder à l'indulgence. Vous n'y aurez pas de peine: votre caractère vous y porte naturellement. On a vu avec plaisir au château cet acte de vigueur de votre part. J'ai vu aussi de mon côté avec plaisir qu'on y goûte beaucoup tout ce que vous faites : tant il est vrai que la vertu et la probité sont bien venues partout. Le voyage de Gex fixé à mardi prochain coûte beaucoup à nos contrevenants. Supposé que la confusion les empêche d'y aller, je vous prie de ne pas agir en conséquence. J'attends cette grâce de vous (2). »

---

(1) *Œuvres complètes de Voltaire ; op. cit. ;* Commentaire historique (1776) ; tome 1, p. 441.

(2) Lettre d'Hugonet, curé de Ferney, à Balleidier. Ferney, 7 septembre 1771.

A l'occasion il intervient pour ramener la paix et accommoder les différends qui s'élèvent entre ses vassaux. On a déjà vu que le 10 décembre 1762 il avait concédé à Jean-Joseph Desplace et à André Guillot un emplacement de quatre-vingt toises carrées pour y bâtir une maison et y créer un jardin. Au même Desplace, par un contrat du 24 août 1765, il vend un terrain contigu au premier. Pareillement, le 25 octobre 1763, il avait accordé au charpentier Landri un terrain qu'il augmentait par un contrat du 25 août 1765. Or, le 10 janvier 1767, Landri achète à Guillot pour deux louis d'or la partie qui avait été concédée au seul Desplace le 24 août 1765 : il y sème aussitôt de l'avoine et y plante vingt arbres fruitiers ; bref, il en accroît la valeur. D'autre part Guillot vend au notaire Raffo la partie qui lui est commune à lui et à Desplace. Enfin Raffo acquiert de Desplace pour sept louis d'or ce que Guillot avait déjà vendu à Landri pour deux louis quelques mois auparavant.

L'affaire, embrouillée à souhait, était propre à susciter querelles et altercations. Les intéressés s'adressent à Mme Denis pour qu'elle arbitre le différend ; et Voltaire, sous le nom de sa nièce, prononce la sentence suivante, qui a le mérite de substituer à la légalité stricte le souci de l'équité : « Si nous ne consultons que l'équité naturelle, il nous semble que M. Desplace, M. Guillot et le sieur Raffo lui-même doivent indemniser Landri. Desplace était certainement instruit que Guillot son associé avait vendu pour deux louis d'or la pièce en question qui en vaut actuellement davantage ; il devait en conséquence ratifier cette vente.

Si l'on porte en justice réglée cette affaire contentieuse, si Desplace affirme que Guillot l'a trompé, qu'il a vendu malgré lui le terrain, qu'il a abusé de sa confiance, cette vente est nulle dans la rigueur de la loi : Desplace gagnerait son procès ; mais il se déshonorerait, et ne gagnerait que par la forme un procès très injuste dans le fond, et Guillot serait condamné à tous les dépens, dommages et intérêts.

Ce n'est pas à nous qui ne faisons ici que la fonction d'arbitre à décider selon la rigueur. L'arbitrage n'étant autre chose que la modération de cette rigueur même, nous devons donner notre sentence plutôt selon l'équité, qui est l'esprit de toutes les lois, que suivant la forme qui n'est que la lettre de la loi (1). »

En somme, de ces lettres se dégage un Voltaire complexe et antithétique, à la fois généreux et égoïste, soucieux de l'intérêt d'autrui et de son

---

(1) Sentence d'arbitrage du 28 mars 1767.

intérêt privé, curieux de mettre en valeur la province et son propre domaine, acheteur, vendeur, prêteur, pourchasseur de la fraude et des marchands de bœufs avariés, constructeur de maisons, réparateur de routes, dessécheur de marécages, créateur de jardins, planteur d'arbres, et surtout plaideur.

Au vrai, Voltaire a été toute sa vie un plaideur impénitent. Il a toujours plaidé, à la barre de l'opinion comme à la barre des tribunaux, plaidé dans son théâtre, plaidé dans ses vers, plaidé dans ses histoires, dans ses contes, dans ses brochures et dans ses libelles, dans ses « rogatons », dans ses « petits pâtés » ; plaidé contre les Jésuites et contre les Jansénistes, contre les croyants et contre les philosophes, contre la noblesse et contre le peuple, contre les parlementaires, les ministres, les poètes, les prosateurs, les critiques. Propriétaire foncier, il plaide contre ses voisins, à propos de bois ou de champs, de braconnage... Et dans ces affaires d'importance mineure, il est, comme dans celles d'un La Barre ou d'un Sirven, précis, spirituel, mordant, sarcastique, indigné, ému même ; il est Voltaire.

En certains cas il lui arrive apparemment d'empiéter sur les droits des autres, puisque les magistrats le condamnent ; mais il lutte vigoureusement pour qu'on n'empiète pas sur les siens.

Ombrageux, hérissé, il menace du sergent et de la maréchaussée. Il redoute par-dessus tout d'être volé : « Pourriez-vous me faire l'amitié de demander au grenier à sel combien on a fourni de sel pour le château de Ferney cette année passée 1762 ? On m'en compte si prodigieusement que je ne puis croire qu'en j'en aie consommé cette quantité (1). » Balleidier lui expédie un messager ; Voltaire se garde de le payer, dans la crainte que celui-ci ne l'ait déjà été par l'homme d'affaires : « M. de Voltaire et Madame Denis lui (à M. Balleidier) mandent que quand il envoie un exprès il doit mentionner qu'il envoie cet exprès, qu'on doit lui payer son voyage,... que d'ailleurs Monsieur Balleidier peut payer ces petites dépenses, et les mettre sur le compte des maîtres qui les remboursent sans difficulté ; que ces minuties ne doivent retarder aucune affaire ; que quand Monsieur Balleidier aura quelque (chose) à mander, il peut envoyer sur le champ un courrier, convenir de son salaire qui sera payé sur le champ au château ou qui sera remboursé (2)... » Balleidier reçoit un jour la visite d'Etienne Bétems, qui se propose d'assigner Mme Denis « pour la restitution des impositions qu'il a payées de quatre ans, des fonds par lui vendus

(1) Lettre à Balleidier ; 1er janvier 1763.
(2) Lettre à Balleidier ; 30 juillet 1764.

à Mme Denis depuis quatre ans ». Il prévient aussitôt Wagnière, et le prie « de dire à M. Voltaire et à Mme Denis qu'ils ne peuvent se dispenser de rendre ces impositions, à proportion de l'acquêt et de ce qui reste aux Bétems » (1). Mais Voltaire de répondre, soupçonneux : « Il faut que Bétems justifie que c'est pour le bois et le champ de Ferney qu'il a été imposé. S'il fait assigner, Madame Denis consigne l'argent, et déclare qu'elle payera dès qu'on lui présentera les pièces probantes (2). »

Est-ce l'intérêt qui pousse Voltaire à multiplier ces précautions? Probablement ; mais c'est aussi l'amour-propre. Il lui serait pénible de se laisser jouer : « « Je n'ai point voulu être la dupe du bien que je lui (à Bétems) ai fait (3) ». Malheur à quiconque s'aviserait de le froisser ! » « Je le (Vuaillet) ferai incessamment assigner pour le payement des mille écus qu'il me doit ; il n'en a pas bien usé avec moi ; et je ne veux pas qu'on me manque (4) ». Ailleurs il écrit : « J'ai fait des offres convenables. Je ne suis homme ni à refuser

---

(1) Billet de Balleidier à Wagnière ; 31 mai 1770. Wagnière est le secrétaire de Voltaire.

(2) Lettre à Balleidier ; 2 juin 1770.

(3) Lettre à Balleidier ; 29 décembre 1759. Aux Délices.

(4) Lettre à Balleidier ; 1er janvier 1763.

ce qui est dû ni à souffrir qu'on m'extorque ce que je ne dois pas (1). »

Par amour-propre, il serre les cordons de sa bourse ; par amour-propre, à l'occasion, il les desserrera. Il souffrirait de passer pour un homme regardant, trop attentif aux dépenses, trop désireux de lucre. Il a toujours excellé à soigner sa réputation ; mais on est étonné qu'il s'en montre si ménager jusque dans des lettres d'affaires. Or il ne lui répugne pas de citer à Balleidier des exemples de ses générosités : « Je lui ai (à Vuaillet) donné plus de deux cents livres au-delà de ce qu'il me devait (2)... Il (Vuaillet) a assez gagné avec moi pour faire ce que j'exige de lui (3)... Le sieur Besson aurait tort de se plaindre de n'avoir pas été payé. On lui a fait souvent des libéralités qui passent de beaucoup ce qu'il peut exiger (4)... On donne des rafraîchissements dans le château à quiconque est chargé de la moindre commission, sans que les maîtres même entrent dans ces petites discussions (5)... » Et Mme Denis ne s'exprime pas autrement : « Mon intention, monsieur, n'est point que l'on n'ait pas tous les

(1) Lettre à Balleidier ; 3 mai. L'année n'est pas indiquée : mais il s'agit de l'affaire Vachat (1767).
(2) Lettre à Balleidier ; 3 novembre 1762.
(3) Lettre à Balleidier ; 28 novembre 1762.
(4) Lettre à Balleidier ; 8 octobre 1763.
(5) Lettre à Balleidier ; 30 juillet 1764.

égards possibles au château pour les officiers de sa justice. Vous devez vous ressouvenir que mon oncle et moi nous vous proposâmes de faire dîner ces messieurs. Vous nous répondîtes qu'ils avaient dîné. Je dis à Mademoiselle Maton de leur donner du vin l'après-midi, s'ils en voulaient (1). »

Il y a du Protée dans Voltaire. Un sentiment pourtant le domine et l'explique : l'amour-propre, dans le double sens qu'avait ce mot au XVIIIe siècle, souci de soi et de sa réputation.

II

L'énergie toujours bandée, Voltaire fait flèche ou massue de tout bois, éraflant, perçant, assommant. Personne n'est à l'abri de ses coups, pas même ses amis, pas même ceux qui le servent. C'eût été merveille qu'il ne se brouillât pas avec Balleidier. Il se brouilla.

Impatient, haletant, trépidant, il commença par exiger de son procureur une activité endiablée. Il l'anime, le harcèle, l'aiguillonne sans trêve ; il demande qu'on pousse les affaires grand train, à bride abattue ; le galop est son allure normale. Il faut aller vite, encore plus vite, toujours plus vite. Aller vite ! C'est ce qu'il a fait dans ses œuvres

(1) Lettre de Mme Denis à Balleidier ; 14 septembre 1763.

littéraires comme dans ses démêlés à propos de bornages ou de haies mitoyennes. Poète ou prosateur, tragique ou comique, satirique ou lyrique, conteur, polémiste, historien même (sauf dans le *Siècle de Louis XIV*), partout il est allé vite. En dix-sept jours il expédie *Zaïre ;* en six, *Olympie*. Esprit alerte, preste, fulgurant, il a l'inspiration trop jaillissante pour ne pas dédaigner les lenteurs de la méditation ; il est un virtuose de l'improvisation, presque un bâcleur génial. Plaideur, il a cette même fièvre, ce même prurit de hâte. La langue des tribunaux possède en commun avec la langue de la chasse et celle de la guerre un terme heureux pour exprimer la vivacité et la rapidité ; c'est le mot de « poursuite » ; il convient singulièrement à Voltaire. Le propre de Voltaire est de « poursuivre » infatigablement. Aussi ses lettres d'affaires se hérissent-elles de formules éperonnantes : « Je prie instamment Monsieur Balleidier (1)... Sitôt qu'il sera au fait, et qu'il pourra me dire si les papiers..., il me fera plaisir de m'en instruire sur le champ (2)... Je vous prie d'accélérer (3)... Je vous prie, toute

(1) Lettre à Balleidier ; 22 juin 1760. Aux Délices. Et 18 décembre 1762.
(2) Lettre à Balleidier ; 18 décembre 1762.
(3) Lettre à Balleidier ; 28 novembre 1762.

chose cessante (1)... Sitôt la présente reçue (2)... M. Balleidier est prié de faire sans délai toute la diligence possible (3)... Je prie très instamment (4)... Je lui recommande de *la manière la plus pressante* (5)... Il est temps plus que jamais (6)... L'affaire presse (7)... Il faut absolument et sans délai redemander (8)... Faites assigner Vuaillet sans remise (9)... M. Balleidier est prié de descendre sur le champ (10)... Je vous prie très instamment de faire les diligences les plus promptes (11)... M. de Voltaire et Madame Denis exigent la plus prompte justice (12)... Je demande un peu de diligence (13)... Madame Denis recommande à M. Balleidier de faire les offres sans délai (14)... Monsieur Balleidier aura soin de mettre cette offre dans la forme judicielle, et d'en envoyer copie à Madame Denis incessam-

(1) Lettre à Balleidier ; 20 janvier 1763.
(2) Lettre à Balleidier ; 10 février 1763.
(3) Lettre à Balleidier ; 10 février 1763.
(4) Lettre à Balleidier ; 14 février 1763.
(5) Lettre à Balleidier ; 23 février 1763. Souligné par Voltaire.
(6) Lettre à Balleidier ; 3 mars 1763.
(7) Lettre à Balleidier ; 12 avril 1763. Aux Délices.
(8) Lettre à Balleidier ; 21 mai 1763.
(9) Lettre à Balleidier ; 21 mai 1763.
(10) Lettre à Balleidier ; 12 septembre 1763.
(11) Lettre à Balleidier ; 23 mai 1764. Aux Délices.
(12) Lettre à Balleidier ; 29 juillet 1764.
(13) Lettre à Balleidier ; 15 février 1766.
(14) Lettre à Balleidier ; 11 mai 1767.

ment (1)... M. Balleidier est très instamment prié de me mander (2)... M. Balleidier est prié de faire toutes les diligences nécessaires (3)... Nous pensons, monsieur, qu'il faut poursuivre sur le champ (4)... Je prie Monsieur Balleidier de presser les opérations que Madame Denis lui a recommandées (5) »...

Une seule lettre conseille l'expectative : « A l'égard de l'affaire de Jolivet contre Bétems, Jolivet fera fort bien de subhaster ce verger. Mais il ne faut pas se presser (6). » Partout ailleurs ce sont des excitations à la célérité, ou bien des plaintes et des regrets quand il juge excessive la temporisation de son homme d'affaires : « M. Balleidier ne me rend aucune réponse sur les choses que je lui ai recommandées (7)... J'attends de M. Balleidier des nouvelles de ce qu'il a fait pour Madame Burdet ; il ne m'en donne aucune (8)... »

Un jour Balleidier se montra trop pressé et s'avança tant et tant que son client ne parvint pas à le ramener en arrière. Voltaire avait accordé aux sieurs Desplace et Guillot l'exploitation

(1) Lettre à Balleidier ; 11 mai 1767.
(2) Lettre à Balleidier ; 20 juin 1768.
(3) Lettre à Balleidier ; 7 juin 1770.
(4) Lettre à Balleidier ; 18 auguste 1770.
(5) Lettre à Balleidier ; sans date.
(6) Lettre à Balleidier ; sans date.
(7) Lettre à Balleidier ; 3 mars 1763.
(8) Lettre à Balleidier ; 25 mars 1763. Aux Délices.

d'une carrière « de pierre grise molasse », située près du château (1764). La même année. le 22 novembre, les concessionnaires revendirent leurs droits au nommé Monpitan, de Prégny. Bientôt on accusa celui-ci de gâter la route par ses charrois. MM. Crammer et Gallatin se plaignirent et obtinrent pleins pouvoirs de Voltaire pour mettre fin aux dégâts. Balleidier assigna le coupable.

Et Voltaire de s'irriter : « Vous avez fait assigner, Monsieur, le nommé Monpitan de Prégny en mon nom. Jamais je n'ai donné cet ordre. » Mais il semble se contredire aussitôt après : « Messieurs Crammer et Gallatin se sont plaints qu'il gâte le chemin, et ont agi en mon nom sans me le dire, sur le pouvoir que je leur avais donné dans une lettre non signée, d'empêcher par toutes les voies convenables, que les chemins ne fussent endommagés (1). »

Qu'importe que la lettre ne soit pas signée, s'il reconnaît qu'elle est de lui ? Et qu'importe encore si la lettre en question n'est plus ailleurs qu'un billet ? Mais quel que soit le format du papier, l'absence de signature permet à Voltaire de protester contre la célérité de l'homme d'affaire : « Quoi ! sur un billet non signé par

(1) Lettre à Balleidier ; 18 décembre 1767.

lequel je dis au sieur Crammer qu'il peut poursuivre ses droits et empêcher le sieur Monpitan de gâter les chemins, vous assignez Monpitan pour le dessaisir de son bien ! Et vous l'assignez en mon nom ! Sans que je vous en aie rien dit, et sans que vous m'en instruisiez ! Cela n'est ni dans l'ordre des procédures, ni dans celui des procédés (1). »

Il est prêt à désavouer son billet ; ce n'est pas la première fois qu'il désavoue une œuvre sienne. Mais en cette circonstance il n'ose qu'à moitié : car le billet existe. Alors il cherche des échappatoires : c'est un « billet d'amitié », sans portée et sans conséquence : « Je désavoue sans doute tout ce qu'on a fait en mon nom au sujet de cette carrière. A l'égard du chemin, cela ne me regarde pas, mais les habitants. Je me souviens bien d'avoir écrit à M. Crammer un billet d'amitié dans lequel il y avait : je vous donne plein pouvoir, c'est-à-dire permission de défendre votre chemin. Mais je ne vois pas qu'il y ait : je vous donne *plein pouvoir d'ôter en mon nom à Monpitan la carrière que je lui ai donnée*. En un mot vous ne deviez pas me compromettre sans m'en avertir. Vous me dites aujourd'hui que vous avez

(1) Lettre à Balleidier ; vendredi 18. L'année n'est pas indiquée.

cru cette affaire injuste : pourquoi donc l'avez-vous entreprise ? Pourquoi ne m'en avez-vous pas informé ? Je vous charge, Monsieur, de désavouer toute procédure faite en mon nom contre la carrière de Monpitan et de vous pourvoir contre qui il appartiendra. Il n'est permis à personne de détruire les chemins ; mais il est encore moins permis de vouloir dépouiller un habitant de son bien. Je vous prie donc et vous charge de dire que je ne me suis jamais opposé à la jouissance de la carrière (1). »

En vain Balleidier, fort de son droit, rappelle qu'il s'agit de plusieurs lettres et non d'un seul billet. Voltaire discute pied à pied : « Le sieur Raffo, notaire, a copié chez vous exactement les prétendus pouvoirs que vous vous êtes imaginé avoir été donnés par moi pour dépouiller Monpitan de sa carrière, et pour le faire punir comme usurpateur. Ces prétendus pouvoirs sont des lettres dont la plupart même ne sont pas signées, et ne sont pas écrites de ma main (2). »

La plupart ? Il y en a donc plusieurs, il y en a donc au moins une, qui est signée de lui ou écrite de sa main ! Voltaire se défend en rhéteur ; il ergote et sophistique.

Il continue : « Elles (ces lettres) disent que *ni*

(1) Lettre à Balleidier ; 18. L'année n'est pas indiquée.
(2) Lettre à Balleidier ; 21. L'année n'est pas indiquée.

Grenier ni Monpitan qui exploite la carrière ne doivent point passer par les chemins défendus. Or le petit chemin de Genève était défendu alors par ordre du roi. Ces lettres écrites à M. Crammer énoncent donc positivement que Monpitan a droit d'exploiter sa carrière. M. Crammer se plaint qu'après avoir tiré la pierre Monpitan gâte le chemin. Je donne donc à M. Crammer tout pouvoir d'empêcher Monpitan d'endommager ce chemin. Je ne lui ai jamais donné pouvoir d'agir en mon nom. Il n'y a pas un mot dans mes lettres qui fasse seulement soupçonner que Monpitan ne doit pas tirer sa pierre (1). » Pas un mot ? Oui, littéralement. Mais c'est se moquer : on permet d'extraire la pierre, on ne permet pas de la charrier. La première autorisation est inopérante sans la seconde. Au fond Voltaire n'avait qu'à s'en prendre à lui-même d'avoir, à la légère, écrit les lettres à Crammer. Quelqu'un était coupable d'imprudence : lui-même, non son homme d'affaires.

Mais il se refusait à confesser sa faute et la rejetait sur Balleidier : « Vous vous plaignez pendant que vous me rendez seul à plaindre, pendant que vous me rendez la fable de mes vassaux et que vous me couvrez de confusion... Je ne puis

(1) Lettre à Balleidier ; 21. L'année n'est pas indiquée.

lui (à Monpitan) ôter son bien ; cela est absurde et inique. Cependant, sans me consulter, sans m'écrire, vous le faites assigner comme *usurpateur*, comme voleur (car c'est la même chose) ; vous le faites condamner à mon insu par le juge de ma terre qui est en Franche-Comté. Je n'apprends ce procès que par le cri public et par l'assignation qu'on me donne. Tous les habitants sont soulevés ; tous disent que j'ai plaidé contre ma signature et que j'ai fait condamner injustement un de mes vassaux. Voilà le précipice où vous m'avez jeté, pour avoir agi en mon nom sans aucun ordre de moi. Il est inouï qu'on ait jamais fait un procès au nom d'un autre sans ordre exprès. Le Parlement de Dijon punirait sévèrement cette prévarication. Vous ne devez pas perdre un moment pour engager M. Crammer à terminer cette affaire si désagréable pour lui et pour moi. Il faut que vous engagiez le Sr Dulcis à suspendre jusqu'à ce que tout soit apaisé. Il est clair que vous avez poursuivi sans un ordre ; il est clair que vous avez exposé précisément le contraire de ce qui est dans mes lettres à M. Crammer, puisque j'y dis expressément que Monpitan *exploite la carrière*. Il est clair que vous avez fait condamner Monpitan comme *usurpateur* sans m'en dire un seul mot. Vous êtes en faute envers moi et envers la justice. Pressez l'accommodement entre M. Crammer et Monpitan, et arrêtez la poursuite du sieur Dulcis. (1) »

Voltaire est blessé dans son amour-propre et dans son esprit de justice ; l'affaire fait du bruit ; il a contre lui l'opinion publique, cette opinion dont il sait la force et qu'en général il manœuvre supérieurement. Il est inquiet, préoccupé, et peut-être redoute-t-il des complications et l'entrée en scène d'un jouteur capable de se mesurer avec lui. Le président de Brosses était propriétaire de la carrière : n'allait-il pas intervenir dans l'affaire ? Si Voltaire éprouva cette crainte, il n'eut pas tort. De Brosses entre en scène et l'accuse d'avoir « fait ou laissé faire (à la carrière) un abus excessif soit pour lui-même ou pour les bâtiments qu'il fait construire ailleurs, soit en donnant, vendant, abandonnant ou laissant prendre à qui a voulu de la pierre, » ... et il lui notifie d'avoir à cesser toute extraction et « de faire aplanir et combler autant qu'il sera possible les excavations qui défigurent le sol près du château, *rendent en même temps dangereux pour les voitures le chemin public tout le long duquel on a creusé* (2)... »

Telles étaient les complications qu'avaient sans

(1) Lettre à Balleidier ; 21. L'année n'est pas indiquée.

(2) Extrait d'une copie de la notification faite le 18 novembre 1773 par François Ducemetière, sergent royal au bailliage de Gex. C'est moi qui souligne.

doute prévues Voltaire. Et il en surgit de nouvelles qu'il n'avait certainement pas prévues. En 1777 la communauté de Prégny et Lambésy émit des prétentions sur cette carrière. Elle produisit une reconnaissance datée de l'année 1544 et « obtint sur requête de M. le lieutenant général, le 17 janvier de la dite année 1777, une ordonnance par laquelle il fut fait défense au dit Monpitan d'extraire aucune pierre de la carrière ». Naturellement, Monpitan assigna en garantie les sieurs Desplaces et Guillot, de qui il tenait ses droits ; et à leur tour Desplaces et Guillot exercèrent une arrière-garantie sur Voltaire, qui montra le tragi-comique de sa situation : « Rien de plus critique que la position où se trouve le seigneur de Ferney, attaqué d'un côté pour faire cesser les poursuites de la communauté de Prégny qui prétend être propriétaire de la carrière dont il s'agit. M. de Brosses lui fait d'un autre côté un procès pour avoir abusé de la dite carrière... A qui appartient donc cette carrière ? Est-ce à M. de Brosses ? Est-ce à la communauté ? (1) »

A cette époque Balleidier n'était plus le chargé d'affaires de Ferney. Voltaire avait rompu avec lui peu de temps après la notification du président

(1) Observations de Voltaire, écrites à la suite de la notification du président de Brosses, et datée du 29 mai 1778.

de Brosses. Mais il y avait déjà plusieurs années que leurs rapports étaient tendus : le client lésinait sur les comptes, était un payeur intermittent.

A parler franc, l'argent liquide était rare alors. Voltaire recevait beaucoup dans son château ; d'autre part il achetait, prêtait ; et il se trouvait souvent à court de numéraire : « Quant aux 3.000 livres et arrérages que me doit le sieur Vuaillet, j'en ai un besoin pressant (1) ». Il est réduit à verser des acomptes : « On envoie à M. Balleidier cinq louis d'or qui est tout ce qu'on a à présent (2) ». Il espère des rentrées : « Si M. Balleidier peut faire payer le boucher (A. Meunier), M. de Voltaire donnera à compte la moitié à M. Balleidier (3)... On attend de l'argent, et dès qu'on en aura on finira tous les comptes de M. Balleidier (4). »

L'homme d'affaires finit par se lasser de ces délais. Il acceptait d'être renvoyé à des dates fixes ; il n'accepta pas d'être renvoyé aux calendes grecques.

Et puis on le chicanait sur la note de ses honoraires. Mme Denis lui avait promis cent francs de gage par an, en outre de ses vacations extraordi-

(1) Lettre à Balleidier ; 21 mai 1763
(2) Lettre à Balleidier ; 5 juin 1770.
(3) Lettre à Balleidier ; 11 septembre 1771.
(4) Lettre à Balleidier ; 30 novembre 1771.

naires. Mais sous divers prétextes elle se mit en tête de lui supprimer le gage. Balleidier s'en plaignit auprès de Wagnière qui répondit courtoisement : « Je ne sais, je vous assure, pas que vous dire pour obtenir le solde de votre compte. Tout ce que je puis faire, c'est de vous conseiller d'écrire à M. de Voltaire, de lui marquer que les 100 livres qu'il vous donne par an sont pour les écritures que vous faites pour lui dans les choses qui le regardent, que tout le reste, ce sont des déboursés, de votre argent, que vous avez avancés pour lui, puisque quand il fait assigner quelqu'un, qu'il répond par votre canal, il vous faut sur le champ débourser, et qu'il ne vous envoie point d'argent. Ne lui dites pas que je vous ai écrit (1)... »

Cependant Voltaire continuait à employer les moyens dilatoires : « Le sieur Wagnière est à Genève. Il soldera le compte à son retour soit à Ferney, soit à Gex (2). » Il promettait, promettait, promettait : « Je suis tout prêt, monsieur, à solder votre compte ; il faudra que vous ayez la bonté de signer le reçu au bas, enfin qu'on puisse se rembourser des frais par vous faits contre plusieurs débiteurs (3) ». Le 24 septembre 1773, Bal-

(1) Lettre de Wagnière à Balleidier ; 8 janvier 1772.
(2) Lettre à Balleidier ; 17 août 1773.
(3) Lettre à Balleidier ; 7 septembre 1773.

leidier se rendit « aux assises de Ferney ; il demande ce qui lui était dû, en présence de M. Christin ; on le renvoya à l'après-dîner. Il retourna ; on le renvoya encore (1) », mais poliment, en douceur. Voltaire prenait des attitudes bon enfant. Payer ? Il ne demandait pas mieux ; il ne tenait qu'à Balleidier de se présenter ; on le réglerait sur-le-champ : « Vous savez, monsieur, que votre compte aurait été payé sur le champ à Ferney si vous l'aviez voulu, et qu'il le sera au moment que vous le voudrez (2) ». Seulement... le procureur doit renoncer à toucher la partie fixe de ses honoraires ; Voltaire, au nom de la justice, en décidait ainsi : « A l'égard des appointements, vous savez qu'il y a plus de deux ans qu'on vous a écrit plusieurs fois qu'il n'y en aurait point. Mais on ne refusera jamais de vous donner des gratifications à proportion de votre travail. Rien n'est plus convenable et plus juste. C'est le sentiment de M. Christin (3). »

Pour le coup Balleidier se fâcha ; et un coup de théâtre éclata. Par exploit, Mme Denis signifie « au sieur Balleidier, procureur de Gex, que lui ayant offert le payement par le sieur Wagnière de cin-

(1) Extrait d'une copie des observations présentées par Balleidier au lieutenant général le 16 avril 1774.

(2) Lettre à Balleidier ; 13 novembre 1773.

(3) *Ibid.*

quante-six livres seize sous pour restant de son dernier mémoire du mois d'auguste 1773, et le dit procureur ne les ayant voulu accepter, nous avons déposé cette somme entre les mains du sieur Jean-Louis Raynaud, notre châtelain à Ferney ; et en outre une somme de deux cents livres qui restera déposée jusqu'à ce que nos affaires avec le dit procureur soient réglées. Et comme le dit procureur a négligé nos affaires et nous a écrit des lettres injurieuses, *nous le révoquons par cette présente signification tant comme notre procureur fiscal que spécial* (1), et lui déclarons que nous n'entendons pas lui payer les deux années de gages, de cent francs chacune, qu'il redemande ; attendu que depuis deux ans il ne s'est pas présenté une seule fois à Ferney, excepté aux assises et que *nous lui avons payé son assistance aux assises* (2), et attendu que nous lui déclarâmes par nos lettres d'il y a deux ans et par la main du sieur Wagnière que nous ne pourrions pas lui donner de gages, mais seulement des gratifications proportionnées à ses services (3). »

Du tac au tac, dès le lendemain, Balleidier

(1) Souligné dans le texte.
(2) Souligné dans le texte.
(3) Cet acte, signé Mignot Denis, fut « fait à Ferney le 29 décembre 1773 et signifié par François Ducemetière, sergent royal au bailliage de Gex ».

riposte à ce qu'il appelle une « diffamation ». Jamais il « n'a négligé aucune affaire de Madame Denis, et n'a jamais eu la bassesse de lui écrire des lettres injurieuses,... il sait trop le respect et les égards qu'il doit à Madame Denis, pour avoir tenté de lui manquer ; aussi ne s'est-il jamais écarté. Mais en tout cas il prie madame Denis de s'expliquer et de détailler quelles sont les affaires qu'il a négligées. Loin de les avoir négligées, il a eu pour icelles toute l'activité possible, quoique jamais il n'ait reçu un sol d'avance pour subvenir aux frais, ayant au contraire lui-même toujours été en avance de sommes considérables, eu égard à ses facultés. Il prie également Madame Denis de produire les lettres injurieuses qu'il lui a écrites, afin que si cela est, il subisse la peine qu'aurait encourue une telle contravention. Un fait avancé doit être prouvé, parce que sans cela il serait déshonoré de pareilles imputations... On a fait entendre mal à propos à Madame Denis qu'on avait payé au Sieur Balleidier son assistance aux assises, puisqu'il assure et proteste qu'il n'a rien reçu à cet égard. Au surplus le procureur Balleidier ne répète que ce qui lui est légitimement dû. Madame Denis n'a que d'avoir la bonté de faire examiner son compte par telle personne qu'elle trouvera bon. S'il est enflé et s'il contient des articles qui ne soient pas dus, il consent et passe expédient pour ne rien répéter. Mais madame Denis ne doit pas ignorer qu'il a été vu et examiné par M. l'avocat Christin, son juge, qui n'y a rien trouvé d'opposé à la raison (1) ... »

Néanmoins Mme Denis persistait dans son refus touchant le gage. Balleidier requiert contre elle que pour prouver « qu'elle lui a promis cent livres de gages dans sa commission de procureur d'office de la terre de Ferney... copie lui soit donnée et signifiée de la dite commission qu'elle lui donna le vingt-huit octobre mille sept cent soixante-deux, dûment contrôlée et enregistrée. En conséquence de quoi elle voudra bien reconnaître que ces gages ont couru dès le vingt-huit octobre mille sept cent soixante-deux jusqu'au vingt-neuf décembre mille sept cent soixante et treize, et que sans aucun prétexte elle lui a fait signifier une révocation, la priant et invitant de s'exécuter relativement à cet objet (2).

Le 19 février Balleidier revient à la charge ; il « expose » à Mme Denis « que le vingt-huitième octobre mille sept cent soixante-deux elle lui

(1) Acte signifié le 30 décembre 1773 par François Deney, sergent royal au bailliage de Gex, « parlant à demoiselle Agnès Patté, la femme de chambre trouvée en domicile au château de Ferney ».

(2) Acte signifié le 8 janvier 1774 par François Deney, « parlant au s^r^ Norand domestique (de Mme Denis) trouvé au château de Ferney ».

accorda une commission de procureur d'office de la terre de Ferney, sous le gage annuel de cent livres, après avoir énoncé qu'elle était informée de ses bonnes vie et mœurs et de son expérience et capacité. L'exposant, après s'être fait recevoir en cet office, et avoir payé le prix de sa réception, l'a exercé scrupuleusement avec toute la candeur, l'intégrité et l'activité possible. Il a même été chargé de la part de madame Denis de différentes commissions dont il s'est soigneusement acquitté, quoiqu'elles fussent hors de son état, sans autre attribut que le gage de cent livres, qui à peine ont payé les démarches, les mémoires et lettres de l'exposant, qui peut même assurer que pendant les premières années de son exercice, il a fait pour madame Denis des avances considérables, sans jamais avoir reçu un sol d'avance, pour aucune affaire. Cependant après onze années d'exercice, loin d'en recevoir récompense et indemnité, madame Denis, sans aucun sujet, lui a fait signifier le vingt-neuvième décembre dernier une révocation de cet office de procureur d'office, la plus outrageante. Elle l'y accuse (1) ... »

« Quoiqu'il en soit, l'exposant sait qu'un seigneur peut destituer un officier ; mais cette desti-

(1) Suivent les accusations déjà vues.

tution doit être faite d'une manière honnête et sans diffamation ni injure, à faute de quoi elle est nulle. Telle est celle de madame Denis (1)... »

« Il résulte donc qu'indépendamment de la nullité de la destitution faite par madame Denis, elle doit payer au sieur Balleidier les dommages et intérêts que cette révocation outrageante lui fait résulter... Ils doivent être d'autant plus considérables qu'ayant l'honneur d'occuper et d'être revêtu de la place de procureur du Roy, syndic de l'hôtel de ville de Gex, les expressions de la dite révocation ont fait une sensation des plus sensibles dans le public... Il requiert que (la dame Denis) soit assignée à comparoir dans la huitaine au dit Gex par devant M. le lieutenant général au dit baillage pour se voir condamner à lui payer en deniers ou en quittances valables les gages échus au vingt-neuvième décembre dernier (2)... »

Le 16 avril Balleidier présente au lieutenant général quelques observations : « Le mémoire (3) a été remis par M. de Voltaire en présence du sieur Balleidier à Me Christin, avocat, son juge,

(1) Suit l'exposé de plusieurs arrêtés indiquant dans quelles conditions une révocation est valable (arrêts du 30 mai 1625, du 19 février 1715, du 4 février 1728). .

(2) Requête signifiée le 19 février 1774 par François Deney, « parlant à demoiselle Agnès Patté, femme de chambre (de Mme Denis) trouvée en domicile au château de Ferney ».

(3) La note des honoraires dus à Balleidier.

dans la chambre même de M. de Voltaire, lors des dernières assises, et cet avocat, après l'avoir examiné, dit net qu'il ne pouvait y avoir de difficulté.

« L'imputation de négligence faite au sieur Balleidier, pour les affaires de madame Denis, est on ne peut plus hasardée ; aussi ne pourrait-elle citer un seul exemple de négligence. C'est de cette imputation calomnieuse qu'il lui résulte des dommages-intérêts.

« Il en résulte aussi du reproche de lui avoir écrit une lettre injurieuse, puisqu'il ne lui en a point écrit ; elle ne pourrait en produire. S'il a répondu au sieur Wagnière le 23 décembre 1773,... il ne s'est pas adressé à madame Denis. Mais cette prétendue lettre... doit être produite, pour reconnaître si elle est composée d'injures.

« Et les dommages-intérêts résultent de ce qu'on ne peut accuser un homme de faits dont il est et a toujours été incapable ; et c'est le motif qui a fait que le sieur Balleidier s'en est plaint... »

Le lieutenant général n'alloua pas de dommages intérêts ; en revanche il condamna Mme Denis à payer intégralement les honoraires de son procureur, y compris le gage. En fait foi cette lettre de Voltaire : « Madame Denis et monsieur de Voltaire envoient deux cent cinquante-six livres à M. Balleidier selon la décision de M. le lieutenant général. Ils remercient M. Balleidier de ses services et le prient de remettre au porteur, châtelain de Ferney, tous les papiers qu'il a concernant l'affaire de Choudens et les autres papiers, s'il en a (1). »

Et voilà comment, après avoir intenté nombre d'actions par l'intermédiaire de son procureur, Voltaire se retournait (pour parler la langue du palais) contre le dit procureur. Il avait gagné force procès ; il perdit celui-là. Le fils du notaire Arouet avait beau connaître à fond les finasseries de la chicane ; Balleidier ne les connaissait pas moins. Et puis, cette fois, Voltaire avait deux adversaires redoutables : la loi et l'équité

(1) Lettre à Balleidier ; 24 avril 1774. Signée : Voltaire pour madame Denis et pour lui.

L'Affaire du chevalier de La Barre

et sa répercussion sur Voltaire

L'affaire de La Barre est « un des événements qui ont le plus vivement affecté M. de Voltaire (1) ». Elle est trop connue pour qu'on en rappelle les détails. Dans la nuit du 8 au 9 août 1765, sur le Pont-Neuf d'Abbeville, un crucifix de bois avait été tailladé en quatre endroits au moyen d'un sabre ou d'un couteau de chasse. Cinq jeunes gens sont soupçonnés ; trois s'enfuient ; le procès est retardé pour un quatrième. Le chevalier de La Barre comparaît et il est condamné le 28 février 1766 à faire amende honorable, à avoir la langue coupée, la tête tranchée, le corps réduit en cen-

---

(1) Longchamp et Wagnière ; *Mémoires sur Voltaire et sur ses Ouvrages ;* Examen des Mémoires de Bachaumont (Paris, André, 1826) ; tome I, p. 246.

dres. Confirmée le 4 juin par le Parlement de Paris, la sentence d'Abbeville est exécutée le 1er juillet « à l'étonnement de toute l'Europe qui en frissonne encore d'horreur. Depuis la Saint Barthélemy il ne s'était rien passé de plus affreux... Exemple d'une férocité brutale, qu'on ne trouverait pas chez les peuples les plus sauvages (1). »

Voltaire, qui juge cet assassinat juridique plus exécrable que celui de Calas, est consterné, bouleversé, épouvanté, d'autant plus que le conseiller Pasquier avait attribué l'acte de La Barre à la lecture des Encyclopédistes, et notamment à celle du Dictionnaire philosophique. Il en conçoit une telle indignation que huit ans après, dans une saute de fureur, il lâchait cette boutade de cannibale : « Je voudrais manger le cœur des assassins juridiques du chevalier de La Barre (2). » Sur le moment il est saisi d'effroi. Des bruits alarmants circulent à son sujet dans Paris ; on prête au Parlement l'intention d'intervenir auprès du roi, de porter plainte contre un homme qui fronde la religion : on parle d'arrestation, d'emprisonnement. Il s'émeut : sa liberté lui paraît compromise, peut-être sa vie : et il songe à chercher loin

(1) *Œuvres complètes de Voltaire ; op. cit. ;* Commentaire historique (1776) ; tome I, pp. 460-461.

(2) *Œuvres complètes de Voltaire ; op. cit. ;* à madame du Deffand, Ferney, 31 décembre 1774 ; tome 68, p. 488.

de sa patrie une terre de refuge, qui l'abrite lui et ses amis en leur assurant avec la sécurité le droit d'exprimer et de publier leurs idées sans contrainte.

Au vrai, il avait déjà eu cette pensée : « Si les ennemis du sens commun ont le pouvoir (ce que je ne crois pas) de me persécuter dans l'enceinte de quatre-vingt lieues de montagnes qui touchent au ciel, j'ai, Dieu merci, quarante-cinq mille livres de rente dans les pays étrangers, et j'abandonnerai volontiers ce qui me reste en France pour aller mépriser ailleurs à mon aise, et d'un souverain mépris, des bourgeois insolents dont le roi est aussi mécontent que moi (1). »

L'approche du danger ranime l'idée du départ; et la Correspondance indique comment elle se forme, se précise, prend corps, à mesure que parviennent les détails de l'interrogatoire d'Abbeville et les nouvelles de Paris : « Les deux insensés (2), dit-on, qui ont profané une église en Picardie, ont répondu qu'ils avaient puisé leur aversion pour nos saints mystères dans les livres des encyclopédistes et de plusieurs philosophes de nos jours. Cette nouvelle est sans doute fabri-

(1) *Œuvres complètes de Voltaire ; op. cit.* : à d'Argental, Ferney, 30 janvier 1761 ; tome 61, pp. 437-438.
(2) La Barre et Moisnel.

quée par les ennemis de la raison, de la vertu et de la religion. Qui sait mieux que vous combien tous les philosophes ont tâché d'inspirer le plus profond respect pour les lois reçues ? Ils ne sont que des précepteurs de morale, et on les accuse de corrompre la jeunesse. On cherche à renouveler l'aventure de Socrate, on veut rendre les Parisiens aussi injustes que les Athéniens (1) ... On me mande qu'ils ont dit à leur interrogatoire qu'ils avaient été induits à l'acte de folie qu'ils ont commis par la lecture des livres des encyclopédistes. J'ai bien de la peine à le croire ; les fous ne lisent point, et assurément nul philosophe ne leur aurait conseillé des profanations. La chose est importante. Tâchez d'approfondir un bruit si odieux et si dangereux (2)... Vous savez que le conseiller Pasquier a dit en plein parlement que les jeunes gens d'Abbeville qu'on a fait mourir avaient puisé leur impiété dans l'école et dans les ouvrages des philosophes modernes. Ils ont été nommés par leur nom ; c'est une dénonciation dans toutes les formes. On les rend complices des profanations insensées de ces malheureux jeunes gens. On les fait passer pour les véritables auteurs

(1) *Œuvres complètes de Voltaire ; op. cit.* ; à Damilaville, Ferney, 1er juillet 1766, tome 65, p. 4.

(2) *Œuvres complètes de Voltaire ; op. cit.* ; à d'Alembert, Ferney, 1er juillet 1766, tome 55, p. 4.

du supplice dans lequel on a fait expirer de jeunes indiscrets (1). »

Il y a danger ; pourquoi ne pas quitter un royaume où les jansénistes du parlement sont plus barbares que les inquisiteurs d'Espagne ? « Je suis tenté d'aller mourir dans une terre où les hommes sont moins injustes... (2). L'atrocité de cette aventure me saisit d'horreur et de colère. Je me repens bien de m'être ruiné à bâtir et à faire du bien dans la lisière d'un pays où l'on commet de sang-froid, et en allant dîner, des barbaries qui feraient frémir des sauvages ivres. Et c'est là ce peuple si doux, si léger, et si gai ! Arlequins anthropophages ! Je ne veux plus entendre parler de vous, je ne veux plus respirer le même air que vous... (3). Je ne conçois point comment des êtres pensants peuvent demeurer dans un pays de singes qui deviennent si souvent tigres. Pour moi j'ai honte d'être même sur la frontière. En vérité voici le temps de rompre ses liens, et de porter ailleurs l'horreur dont on est pénétré... (4). Je prendrai probablement le parti d'aller finir mes

(1) *Œuvres complètes de Voltaire ; op. cit. ;* à l'abbé Morellet, Ferney, 7 juillet 1766, tome 65, pp. 10-11.

(2) *Œuvres complètes de Voltaire ; op. cit. ;* à Damilaville, Ferney, 7 juillet 1766, tome 65, p. 12.

(3) *Œuvres complètes de Voltaire ; op. cit. ;* à d'Argental, aux Eaux de Rolle, 16 juillet 1766, tome 65, pp. 19-20.

(4) *Œuvres complètes de Voltaire ; op. cit. ;* à d'Alembert, 18 juillet 1766 ; tome 55, p. 9.

jours dans un pays où je pourrai faire du bien. Je ne serai pas le seul. Il se peut faire que le règne de la raison et de la vraie religion s'établisse bientôt, et qu'il fasse taire l'iniquité et la démence. Je suis persuadé que le prince qui favorisera cette entreprise vous ferait un sort agréable si vous vouliez être de la partie. Une lettre de Protagoras (1) pourrait y servir beaucoup. Je sais que vous avez assez de courage pour me suivre; mais vous avez probablement des liens que vous ne pouvez rompre. J'ai commencé à prendre des mesures ; si vous me secondez, je ne balancerai pas (2). »

Il prie d'Alembert de tenir le roi de Prusse au courant « afin qu'il accorde une protection plus marquée et plus durable à cinq ou six hommes de mérite qui veulent se retirer dans une province méridionale de ses Etats, et y cultiver en paix la raison, loin du plus absurde fanatisme qui ait jamais avili le genre humain, et loin des scélérats que se jouent ainsi du sang des hommes (3). »

Le même jour il écrit à Diderot : « On ne peut s'empêcher d'écrire à Socrate quand les Mélitus et les Anytus se baignent dans le sang et allument

(1) Protagoras = d'Alembert.

(2) *Œuvres complètes de Voltaire ; op. cit. ;* à Damilaville, aux Eaux de Rolle, 21 juillet 1766 ; tome 65, p. 28.

(3) *Œuvres complètes de Voltaire ; op. cit ;* à d'Alembert, aux Eaux de Rolle, 23 juillet 1766 ; tome 55, p. 10.

des bûchers. Un homme tel que vous ne doit voir qu'avec horreur le pays où vous avez le malheur de vivre. Vous devriez bien venir dans un pays où vous auriez la liberté entière, non seulement d'exprimer ce que vous voudriez, mais de prêcher hautement contre des superstitions aussi infâmes que sanguinaires. Vous n'y seriez pas seul, vous auriez des compagnons et des disciples. Vous pourriez y établir une chaire qui serait la chaire de vérité. Votre bibliothèque se transporterait par eau, et il n'y aurait pas quatre lieues de chemin par terre. Enfin vous quitteriez l'esclavage (1). »

Il presse Damilaville de se décider et de décider Diderot : « Je ne doute pas un moment que, si vous vouliez venir vous établir à Clèves avec Platon (2) et quelques amis, on ne vous fît des conditions très avantageuses. On y établirait une imprimerie qui produirait beaucoup ; on y établirait une autre manufacture plus importante, ce serait celle de la vérité. Vos amis viendraient y vivre avec vous. Il faudrait qu'il n'y eût dans ce secret que ceux qui fonderaient la colonie. Soyez sûr qu'on quitterait tout pour vous joindre. Platon

(1) *Œuvres complètes de Voltaire ; op. cit. ;* à Diderot, aux Eaux de Rolle, 23 juillet 1766 ; tome 65, pp. 32-33.
(2) Platon = Diderot.

pourrait partir avec sa femme et sa fille, ou les laisser à Paris, à son choix.

Soyez très sûr qu'il se ferait alors une grande révolution dans les esprits, et qu'il suffirait de deux ou trois ans pour faire une époque éternelle : les grandes choses sont plus faciles qu'on ne pense. Puisse cette idée n'être pas un beau rêve ! Il ne faut que du zèle et du courage pour la réaliser : vous avez l'un et l'autre (1). »

Il multiplie les appels : « Si le Platon moderne voulait, il jouerait un bien plus grand rôle que l'ancien Platon. Je suis persuadé, encore une fois, qu'on pourrait changer la face des choses (2). »

Sous le pseudonyme de Boursier il écrit quatre lettres du 30 juillet au 6 août pour solliciter la collaboration de Damilaville ; deux sont particulièrement intéressantes, parce qu'elles révèlent la ferme résolution de Voltaire et sa volonté d'assurer les destinées de la colonie : « Nous attendons des lettres d'Allemagne pour l'établissement en question. Je suis toujours très persuadé que votre ami de Paris (3) y trouverait un grand avantage. Il n'y a peut-être que la mauvaise santé de mon

---

(1) *Œuvres complètes de Voltaire ; op. cit. ;* à Damilaville, Genève, 25 juillet 1766 ; tome 65, pp. 34-35.

(2) *Œuvres complètes de Voltaire ; op. cit. ;* à Damilaville, aux Eaux de Rolle, 28 juillet 1766 ; tome 65, p. 40.

(3) Diderot.

correspondant de Suisse (1) qui pût déranger ce projet ; mais, si la chose était une fois en train, ni ses maladies ni sa mort ne pourraient empêcher l'établissement de subsister. Il ne s'agit que de se rassembler sept ou huit bons ouvriers dans des genres différents, ce qui ne serait point du tout malaisé... (2). Votre ami (3) persiste toujours dans son idée. Il est vrai, comme vous l'avez dit, qu'il faudra l'arracher à bien des choses qui font sa consolation, et qui sont l'objet de ses regrets ; mais il vaut mieux les quitter par la philosophie que par la mort. Il perdra beaucoup, mais il lui restera de quoi vivre et de quoi être utile. Tout ce qui l'étonne, c'est que plusieurs personnes n'aient pas formé de concert cette supposition (4). »

Comme ses projets ont transpiré, il lance des démentis que ses amis propageront avec empressement parmi le public : « Le bruit qui a couru si ridiculement que je voulais me transplanter à mon âge n'est fondé que sur les cinq cents livres que le roi de Prusse m'a envoyés pour les Sirven, et sur l'offre qu'il leur a faite de leur donner un asile dans ses Etats. Pour moi je ne vois pas pourquoi

(1) Voltaire.

(2) *Œuvres complètes de Voltaire ; op. cit. ;* à Damilaville, 4 août 1766 ; tome 65, p. 43.

(3) Voltaire.

(4) *Œuvres complètes de Voltaire ; op. cit. ;* à Damilaville, 6 août 1766 ; tome 65, p. 45.

je quitterais mes retraites suisses, dont je me trouve si bien depuis douze années... (1) Ce qui a fait courir le bruit dont vous avez la bonté de me parler, c'est que le roi de Prusse m'ayant mandé qu'il donnerait aux Sirven un asile dans ses Etats, je lui ai fait un petit compliment : je lui ai dit que je voudrais les y conduire moi-même, et il a pris apparemment mon compliment pour une envie de voyager (2). »

Il adresse les mêmes démentis et les mêmes explications au maréchal de Richelieu (19 août), à madame du Deffand (24 septembre), à Collini (22 octobre) ; mais sa volonté n'a pas changé : « M. Boursier est toujours dans les mêmes sentiments... (3) Tout est prêt pour l'établissement de la manufacture. Plus d'un prince en disputerait l'honneur ; et des bords du Rhin jusqu'à ceux de l'Oby, Platon trouverait sûreté, encouragement et honneur. Il est inexcusable de vivre sous le glaive, quand il peut faire triompher librement la vérité. Je ne conçois pas ceux qui veulent ramper sous le fanatisme dans un coin de Paris, tandis qu'ils pourraient écraser ce monstre. Quoi ! ne

---

(1) *Œuvres complètes de Voltaire ; op. cit.* ; à Damilaville, aux Eaux de Rolle, 11 août 1766 ; tome 65, pp. 49-50.

(2) *Œuvres complètes de Voltaire ; op. cit.* ; à d'Argental, 15 août 1766 ; tome 65, p. 52.

(3) *Œuvres complètes de Voltaire ; op. cit.* ; à Damilaville, 20 août 1766 ; tome 65, p. 60.

pourriez-vous pas me fournir seulement deux disciples zélés ? (1) »

Si seulement Diderot acceptait un entretien avec Voltaire ! « Je conseillerais à M. Tonpla (2), écrit M. Boursier, de faire un petit voyage par la diligence de Lyon ; c'est l'affaire de huit jours. Il verrait les choses par lui-même et s'aboucherait avec votre ami. Le petit voyage que je propose peut se faire dans un grand secret ; et M. Tonpla, allant à Lyon, sous le nom de M. Tonpla, ne donnera d'alarme à aucun négociant... (3). Je voudrais qu'on aimât assez la vérité pour exécuter le projet proposé à M. Tonpla. Est-il possible qu'on ne trouvera jamais quatre ou cinq avocats pour plaider ensemble une si belle cause ?... (4) Pourquoi M. Tonpla ne ferait-il pas ce petit voyage ? Il serait digne de lui ; il aurait le plaisir du mystère... (5). Je me porte mal, et je serai très fâché de mourir sans avoir vu M. Tonpla... (6). Je vous répète que je serai très fâché de mourir sans avoir

---

(1) *Œuvres complètes de Voltaire ; op. cit. ;* à Damilaville. 25 août 1766 ; tome 65, pp. 62-63.

(2) Tonpla = Platon = Diderot.

(3) *Œuvres complètes de Voltaire ; op. cit. ;* à Damilaville. 31 août 1766 ; tome 65, p. 69.

(4) *Œuvres complètes de Voltaire ; op. cit. ;* à Damilaville. 8 septembre 1766 ; tome 65, p. 78.

(5) *Œuvres complètes de Voltaire ; op. cit. ;* à Damilaville. 15 septembre 1766 ; tome 65, p. 90.

(6) *Œuvres complètes de Voltaire ; op. cit. ;* à Damilaville. 16 septembre 1766 ; tome 65, p. 94.

vu Platon, et surtout sans vous avoir revu avec lui (1). »

Il a des visions d'idylle et des accents à la Jean-Jacques : « Oh ! qu'il serait doux de vivre ensemble et de se rassembler cinq ou six sages loin des méchants et loin des obstacles (2). » Mais les collaborateurs font défaut : « Le protecteur est toujours bien disposé ; il m'écrit souvent pour l'établissement projeté ; mais je crois bien que M. Boursier manquera d'ouvriers. Il est vieux et infirme ; il aurait besoin de quelqu'un qui se mît à la tête de cette affaire. Il y a un château tout prêt, avec liberté et protection ; et il est possible qu'on ne trouve personne pour jouir d'une pareille offre ?... (3) Le projet de ce pauvre Boursier ne reste sans exécution que parce que vous ne lui fournissez pas les secours nécessaires. S'il avait seulement deux personnes de votre caractère, il se flatterait bien de réussir. Ces deux hommes d'ailleurs ne risqueraient rien de faire le voyage. Est-il possible que personne ne veuille entreprendre

---

(1) *Œuvres complètes de Voltaire ; op. cit. ;* à Damilaville, 26 septembre 1766 ; tome 65, p. 114.

(2) *Œuvres complètes de Voltaire ; op. cit. ;* à Damilaville, 20 octobre 1766 ; tome 65, p. 125.

(3) *Œuvres complètes de Voltaire ; op. cit. ;* à Damilaville, 15 octobre 1766 ; tome 65, pp. 126-127.

une chose si importante et si aisée lorsqu'on est sûr de la plus grande protection ? (1) »

Arrive une lettre de Diderot, une lettre négative et touchante : « Le pauvre Boursier a versé des larmes en lisant la lettre de votre ami... (2). Je vous ai mandé combien la lettre de M. Tonpla avait attendri M. Boursier (3). »

Voltaire n'a pas encore abandonné son projet : « M. Boursier est toujours dans les mêmes sentiments ; il dit qu'il se tiendra toujours prêt (4). » Mais il est le seul qui se tienne prêt. Il n'a jamais beaucoup compté sur Damilaville qui lui rend à Paris plus de services qu'il ne lui en rendrait en Allemagne ; d'Alembert est trop casanier pour renoncer à ses habitudes ; quant à Diderot, il préfère l'intranquillité et le risque à la solitude en pays étranger : « Je sais bien que quand une bête féroce (5) a trempé sa langue dans le sang humain, elle ne peut plus s'en passer ; je sais bien que cette bête manque d'aliment, et que, n'ayant plus de Jésuites à manger, elle va se jeter sur les phi-

(1) *Œuvres complètes de Voltaire ; op. cit. ;* à Damilaville, 28 octobre 1766 ; tome 65, p. 144.

(2) *Œuvres complètes de Voltaire ; op. cit. ;* à Damilaville, 7 novembre 1766 ; tome 65, p. 151.

(3) *Œuvres complètes de Voltaire ; op. cit. ;* à Damilaville, 12 novembre 1766 ; tome 65, p. 154.

(4) *Œuvres complètes de Voltaire ; op. cit. ;* à Damilaville, 1er décembre 1766 ; tome 65, p. 175.

(5) Le Parlement.

losophes. Je sais bien qu'elle a les yeux tournés sur moi et que je serai peut-être le premier qu'elle dévorera... Je sais bien qu'ils viennent d'égorger un enfant (1) pour des inepties qui ne méritaient qu'une légère correction paternelle... Cependant je reste... C'est qu'il y a, à côté de moi une femme déjà avancée en âge, et qu'il est difficile de l'arracher à ses parents, à ses amis et à son petit foyer. C'est que je suis père d'une jeune fille à qui je dois l'éducation ; c'est que j'ai aussi des amis... (2) »

Au demeurant il est probable que les philosophes ont eu raison de rester chez eux et qu'ils n'auraient pas joui à Clèves d'une liberté plus grande qu'à Paris. Des lettres de Frédéric à Voltaire une seule est pleinement encourageante :

---

(1) Le chevalier de La Barre.

(2) *Œuvres complètes de Diderot ;* édition Assézat et Tourneux (Paris, Garnier, 1876) ; Diderot, à Voltaire, 1766 ; tome 19, p. 485. D'après Naigeon (*ibidem*, p. 485), cette lettre serait une réponse à un mémoire où Voltaire « communiquait toutes ses craintes » à Diderot, « lui conseillait d'abandonner la terre qui l'avait vu naître et l'invitait à le suivre dans sa retraite ». Il est possible que ce mémoire ait été envoyé en effet ; mais la lettre de Diderot s'expliquerait suffisamment comme une réponse à celle que Voltaire lui adressait le 23 juillet et dont nous avons donné plus haut un extrait. — D'après Tourneux, la lettre de Diderot serait de juillet ou d'août ; elle pourrait être de fin octobre, et ce serait celle qui aurait attendri Voltaire. Ce qui permettrait cette hypothèse, c'est que Voltaire a longtemps attendu avant de connaître la pensée de Diderot ; le 18, le 20 août, il se plaint à Damilaville de n'avoir pas reçu une réponse.

« J'envisage les travaux de nos philosophes d'à-présent comme très utiles, parce qu'il faut faire honte aux hommes du fanatisme et de l'intolérance, et que c'est servir l'humanité que de combattre ces folies cruelles et atroces qui ont transformé nos ancêtres en bêtes carnassières... Voilà pourquoi vos philosophes, s'ils viennent à Clèves, seront bien reçus ; voilà pourquoi le baron de Werder, président de la Chambre, a déjà été prévenu de les favoriser pour leur établissement ; ils y trouveront sûreté, faveur et protection (1). »

Les autres lettres ne renferment que des promesses conditionnelles : « Vous me parlez d'une colonie de philosophes qui se proposent de s'établir à Clèves : je ne m'y oppose point..., toutefois à condition qu'ils ménagent ceux qui doivent être ménagés, et qu'en imprimant ils observent la décence dans leurs écrits. La scène qui s'est passée à Abbeville est tragique, mais n'y a-t-il pas de la faute de ceux qui ont été punis ? Faut-il heurter de front des préjugés que le temps a consacrés dans l'esprit des peuples ? Et si l'on veut jouir de la liberté de penser, faut-il insulter

(1) *Œuvres complètes de Voltaire ; op. cit. ;* Frédéric, à Voltaire (sans date) ; tome 52, p. 32.

à la croyance établie ?... (1) J'offre des asiles aux philosophes, pourvu qu'ils soient sages et qu'ils soient aussi pacifiques que le beau titre dont il se parent le sous-entend ; car toutes les vérités ensemble qu'ils annoncent ne valent pas le repos de l'âme, seul bien dont les hommes puissent jouir sur l'atome qu'ils habitent... (2). Vous n'avez pas besoin de me recommander les philosophes : ils seront très bien reçus, pourvu qu'ils soient modérés et paisibles (3). »

A lire ces citations il ne semble pas que Frédéric soit animé d'un bien vif enthousiasme pour ceux qui attendraient de lui une hospitalité sans entrave : il les recevra s'ils montrent patte blanche. Et quel que soit son désir de fonder une Salente philosophique, Voltaire a l'esprit trop délié pour avoir été aveuglé ou leurré d'un mirage ; au surplus il sait, par une expérience malheureuse, comment le roi de Prusse en use avec ceux de ses hôtes qui manquent de docilité.

Aussi peu à peu, à mesure que le temps passe depuis le jour où La Barre a payé de sa tête quelques folies de jeunesse, à mesure que

---

(1) *Œuvres complètes de Voltaire ; op. cit.* ; Frédéric, à Voltaire, Postdam, 7 août ; tome 52, pp. 14-15.

(2) *Œuvres complètes de Voltaire ; op. cit.* ; Frédéric, à Voltaire, Postdam, 13 août ; tome 52, p. 17.

(3) *Œuvres complètes de Voltaire ; op. cit.* ; Frédéric, à Voltaire, Sans-Souci, 13 septembre ; tome 52, p. 23.

l'atmosphère se rassérène et que le silence, sinon l'oubli, se fait à la Cour et au Parlement sur l'incident du Dictionnaire philosophique, Voltaire commence à ne plus craindre un danger personnel ni une Saint-Barthélemy des philosophes, et il renonce à chercher dans Clèves une sécurité qui n'est plus menacée à Ferney. En février 1767, le projet est abandonné définitivement : « Mon premier dessein était de vous faire entrer dans un établissement qu'on projetait à Clèves, mais il est survenu des obstacles ; ce projet a été dérangé (1). »

Néanmoins, ni l'inquiétude, ni l'indignation, que lui a inspirées l'affaire de La Barre, ne s'effaceront jamais de son esprit ; et jusqu'à la fin de sa vie il la rappellera pour expliquer la conduite qu'il pourra tenir dans des circonstances diverses et qui risqueraient de lui aliéner de précieuses amitiés. Sa communion solennelle deux ans plus tard et ses éloges de Maupeou sont des conséquences voulues, réfléchies, préméditées, du drame d'Abbeville.

En 1768 il fait ses Pâques et il en donne à ses correspondants, entre autres à d'Argental, des

---

(1) *Œuvres complètes de Voltaire ; op. cit.* ; à d'Etallande de Morival, 10 février 1767 ; tome 65, p. 263.

raisons suggestives qui révèlent des retours d'effroi et d'angoisse : « Soyez très sûr que si je vois passer une procession de capucins, j'irai au devant d'elle, chapeau bas, pendant la plus forte ondée... (1). Si j'étais dans Abbeville, je communierais tous les quinze jours (2). »

En 1769, il reçoit de nouveau le Viatique, par devant notaire et par devant témoins, pour que personne n'en ignore ; car il habite « dans un diocèse ultramontain, gouverné par un évêque fanatique, qui est un très méchant homme, et dont il fallait désarmer la superstition et la malice (3). »

En 1770, lorsque Maupeou entreprend sa réforme judiciaire, Voltaire pousse un soupir de délivrance ; et le voilà qui loue, exalte, magnifie l'arrêt par lequel sont renversés les Parlements tortionnaires. Il ne songe pas que l'accession au pouvoir de Maupeou avec d'Aiguillon et Terray marque une revanche des Jésuites contre les Jansénistes des Parlements. Rien ne l'empêche de clamer sa joie, pas même la crainte de blesser son bienfaiteur, le duc de Choiseul, dont le chan-

---

(1) La Barre et ses complices n'avaient pas salué le Saint-Sacrement dans une procession ; c'était une des charges qui pesaient sur eux.

(2) *Œuvres complètes de Voltaire ; op. cit. ;* à d'Argental, 22 avril 1768 ; tome 66, p. 195.

(3) *Œuvres complètes de Voltaire ; op. cit. ;* au maréchal de Richelieu, Ferney, 15 avril 1769 ; tome 66, p. 456.

celier a précipité la chute d'ailleurs triomphale : « Quand le diable lui-même ferait une bonne loi ou une bonne action, je ne pourrais qu'approuver la chose, sans aimer sa personne, et aucune considération ne pourrait m'en empêcher (1). »

Il souffrira de la froideur que lui témoignent les Choiseul, il accumulera les instances pour recouvrer leur bonne grâce, par l'intermédiaire de Mme du Deffand il leur enverra mille protestations de fidélité ; mais comment serait-il moins fidèle à sa haine pour « les tyrans bourgeois (2) » qui ont versé le sang innocent ? C'est le leitmotiv qui revient dans toutes ses lettres, douloureux et poignant, comme une obsession de cauchemar : « Je vous répète que je ne serai jamais un ingrat, mais que je n'oublierai jamais le chevalier de La Barre... A peine se souvient-on dans Paris de cette horreur abominable. La légèreté française danse sur le tombeau des malheureux. Pour moi, je n'ai jamais mis ma légèreté à oublier ce qui fait frémir la nature. Je déteste les bar-

(1) LONGCHAMP et WAGNIÈRE ; *op. cit.* Addition au Commentaire historique, tome I, pp. 87-88. Sur les rapports des Choiseul et de Voltaire, voir : P. CALMETTES ; *Choiseul et Voltaire* (Paris, Plon-Nourrit, 1902), et G. MAUGRAS ; *La Duchesse de Choiseul et le Patriarche de Ferney* (Paris, Calmann-Lévy, 1889).

(2) *Correspondance complète de Mme du Deffand ;* édition Lescure (Paris, Plon, 1865) ; à Mme du Deffand, 5 mai 1771 ; tome II, p. 166.

bares et j'aime mes bienfaiteurs (1)... Trouvez bon que je condamne des gens que j'ai toujours condamnés, et qui se sont souillés en cannibales du sang de l'innocent et du faible. Tout mon étonnement est que la nation ait oublié les atrocités de ces barbares (2). »

Comme Mme du Deffand lui a transmis quelques mots aimables de la duchesse de Choiseul, il s'écrie : « Dieu soit béni, madame, votre grand'-maman me rend justice et vous me la rendez. Je ne crains plus de déplaire à une âme aimable, juste et bienfaisante, pour avoir élevé ma voix contre des êtres malfaisants et injustes, qui, dans la société, ont toujours été insupportables, et dans l'exercice de leur charge, tantôt des assassins et tantôt des séditeux (3). »

Il n'est pourtant pas bien sûr de son pardon, et il insiste : « Quand vous verrez votre grand'-maman, je vous prie de me mettre à ses pieds. Elle m'a pardonné mon goût pour Catherine (4) ;

---

(1) *Correspondance complète de Mme du Deffand ; op. cit.* ; à Mme du Deffand, 1er juin 1771 ; tome II, p. 170.

(2) *Correspondance complète de Mme du Deffand ; op. cit* ; à Mme du Deffand, 30 juin 1771 ; tome II, p. 176.

(3) *Correspondance complète de Mme du Deffand ; op. cit.* ; à Mme du Deffand, 19 juillet 1771 ; tome II, p. 179.

(4) Dans une grande lettre (10 pages in-8) à sa « petite fille » la duchesse de Choiseul (12-14 juin 1767) s'indignait contre Voltaire qui le 18 mai 1767 avait écrit à Mme du Deffand pour

elle me pardonnera bien la juste horreur que j'ai eue de tout temps pour les pédants qui ont assassiné un pauvre chevalier de ma connaissance (1). »

Il prévient madame du Deffand qu'il a déclaré sa reconnaissance pour les exilés de Chanteloup au maréchal de Richelieu (2) qui ne les aime pas ; et il se flatte d'avoir « autant d'horreur pour l'ingratitude que pour les assassins du chevalier de La Barre, et pour les bourgeois insolents qui voulaient être nos tyrans (3). »

Dans les notes qui accompagnent les *Lois de Minos* il flétrit les magistrats d'Abbeville ; et il dévoile aussitôt ses intentions à sa correspondante : « Quelques personnes seront peut-être étonnées qu'on parle dans ces notes du chevalier de La Barre et de ses exécrables assassins ; mais je tiens qu'il en faut parler cent fois, et faire détester, si l'on peut, la mémoire de ces monstres appelés juges, à la dernière postérité. J'avoue que je ne pouvais qu'avoir en horreur des bourgeois, tyrans de tous les citoyens, qui étaient à la fois

---

louer « la Sémiramis du Nord » et qualifier de « bagatelle » et « affaire de famille » l'assassinat du tzar, son mari. Puis la colère de la duchesse s'était calmée.

(1) *Correspondance complète de Mme du Deffand ; op. cit.* ; à Mme du Deffand, 9 août 1771 ; tome II, p. 181.

(2) La lettre de Voltaire à Richelieu existe ; voir *Œuvres complètes de Voltaire ; op. cit.* ; tome 67, p. 404, et aussi p. 411 et 430.

(3) *Correspondance complète de Mme du Deffand ; op. cit.* ; à Mme du Deffand, Perney, 24 mars 1772 ; tome II, p. 230.

ridicules et sanguinaires. Je n'ai pas cru assurément m'écarter de la reconnaissance que je dois et que je conserve à un bienfaiteur, en m'élevant contre des persécuteurs qui n'ont rien de commun avec lui (1). »

Même profession de foi l'année suivante : « Je persiste dans ma haine contre les assassins du chevalier de La Barre et du comte Lally, et je n'ai jamais conçu comment il (Choiseul) avait pu être mécontent de l'horreur que j'ai eue pour les injustices auxquelles il ne peut prendre le moindre intérêt (2). »

Mme du Deffand, qui n'a jamais passé pour une naïve ni pour une tendre (3), était convaincue que Voltaire ne jouait pas la comédie en cette conjoncture et que grand-papa et grand'maman étaient chers à son cœur : « Je trouve que vous êtes un peu trop rigoureux, et ses torts (4) ne paraissent pas aussi graves que vous vous le persuadez (5)...

---

(1) *Correspondance complète de Mme du Deffand ; op. cit.* ; à Mme du Deffand, 29 mars 1773 ; tome II, p. 314.

(2) *Correspondance complète de Mme du Deffand ; op. cit* ; à Mme du Deffand, 25 juin 1774 ; tome II, p. 395.

(3) Mme du Deffand « femme célèbre par son esprit et par sa méchanceté ». Grimm ; *Correspondance littéraire*, édition Tourneux ; op. cit. ; tome 9, 1er décembre 1770 ; p. 181.

(4) Les torts de Voltaire.

(5) *Correspondance complète de Mme du Deffand avec la duchesse de Choiseul ; l'abbé Barthélémy et M. Craufurt* : à la duchesse de Choiseul, 10 mai 1772 ; éd. de Sainte-Aulaire ; nouvelle édition en 3 volumes, 1866 ; t. II, p. 183.

Il a toujours haï le Parlement, et toujours respecté et aimé M. de Choiseul (1)... Je suis persuadée qu'il n'est point ingrat, qu'il a pour eux (2) beaucoup de reconnaissance, de respect et d'estime. Il faut lui passer des faiblesses et des misères ; il brûle des chandelles au diable faute de saint devant qui il en puisse brûler. Il a toujours peur de tout (3). »

Voltaire avait eu peur en effet, mais peur pour les autres autant que pour sa propre personne ; il avait eu peur pour les philosophes, pour les tenants de la tolérance, pour les ennemis du fanatisme, pour la civilisation en péril ; il avait eu peur d'une peur que causait, et que justifiait, le souvenir des Calas, des Sirven, des La Barre. Et le 21 mai 1771, lorsqu'elle écrivait à son amie : « Voltaire a toujours été poltron sans danger (4), la duchesse de Choiseul niait un péril

---

(1) *Correspondance complète de Mme du Deffand avec la duchesse de Choiseul ; op. cit.* ; à l'abbé Barthélémy, 8 juillet 1774 ; t. III, p. 133.

(2) Le duc et la duchesse de Choiseul.

(3) *Correspondance complète de Mme du Deffand : op. cit.* ; au chevalier de l'Isle, Paris, 24 octobre, 1773 ; tome II, p. 352.

(4) *Correspondance complète de Mme du Deffand avec la duchesse de Choiseul ; op. cit.* ; la duchesse de Choiseul, à Mme du Deffand ; tome I, p. 432.

dont un trop grand nombre de victimes attestait l'angoissante réalité.

Il devançait son siècle par son respect de la vie humaine, il détestait les effusions de sang et les affres de la torture. Dans sa *Relation de la Mort du chevalier de La Barre* (1766), il résume sa pensée en deux principes :

« 1° Quand une nation est encore assez plongée dans la barbarie pour faire subir aux accusés le supplice de la torture, c'est-à-dire pour leur faire souffrir mille morts au lieu d'une, sans savoir s'ils sont innocents ou coupables, il est clair au moins qu'on ne doit point exercer cette énorme fureur contre un accusé quand il convient de son crime, et qu'on n'a plus besoin d'aucune preuve.

« 2° Il est aussi absurde que cruel de punir les violations des usages reçus dans un pays, les délits commis contre l'opinion régnante, et qui n'ont opéré aucun mal physique, du même supplice dont on punit les parricides et les empoisonneurs (1). »

La société n'a le droit de tuer que dans les crimes de droit commun ; encore faut-il qu'ils soient monstrueux, prémédités, effectifs. Dans les autres cas la peine capitale est un legs des barbaries ancestrales, et contre elle Voltaire

(1) *Œuvres complètes de Voltaire ; op. cit. ;* tome 29, p. 340.

mobilise toutes les forces de la sensibilité, de l'éloquence, de la dialectique, de la raison, de l'esprit.

Qu'on me permette d'apporter, en manière d'épilogue, une nouvelle preuve, très caractéristique, du dégoût qu'il ressentait pour les condamnations à mort et de ses efforts pour les prévenir.

En 1768, sur la graud'route de Ferney, un individu se jette sur une femme et tente de la voler et de la violer. C'est un cas prévotal ; l'agresseur est passible de la peine capitale. Voltaire présente les choses, plaisamment, pour le sauver, et il interprète la loi à sa façon, qui est une façon plus humaine que juridique :

« A Monsieur
« Monsieur Balleidier, procureur
à Gex.

« L'affaire, monsieur, est de la compétence du juge seigneurial : le prétendu vol a été commis à la vérité sur le grand chemin, ou près du chemin de Ferney ; mais l'accusé est domicilié dans le village depuis cinq ans, et a femme et enfants. Les cas prévotaux ne sont que pour les gens sans aveu.

« L'accusé prétend que le vol n'est qu'une pure plaisanterie. Il revenait en effet de Genève avec la plaignante, il lui demandait ses faveurs en chemin, et ne pouvant les obtenir, il lui demanda de l'argent. Je ne crois pas qu'il eût d'armes, et je pense qu'il lui montra le manche d'un vieux couteau pour lui faire peur. Si cette femme voulait se désister de sa plainte, je lui donnerais le double de ce qu'on lui a pris. Je pense qu'en ce cas il serait bon de bannir à perpétuité du pays ce malheureux qui est Savoyard, et qu'il s'en allât violer ou voler toutes les Savoyardes qu'il lui plairait. Vous me ferez grand plaisir, monsieur, d'accommoder cette affaire, et d'empêcher que les frais ne soient considérables.

« Votre très humble et obéissant serviteur,

« VOLTAIRE.

« A Ferney, 12 auguste 1768. »

Voltaire a-t-il évité la potence au coupable ? Je n'en suis pas sûr ; car je lis dans Desnoireterres la note suivante qui a bien l'air de se rapporter à l'aventure précitée : « L'on trouve, dans les Archives du Parlement de Bourgogne, un tenancier de Voltaire, Joseph Novatier, cordonnier à Ferney, condamné par cette cour, le 12 octobre 1768, à être pendu pour avoir volé deux écus de six livres à Jeanne Berthet, servante d'un sieur

Rigot, à Villars-Tascon, et avoir abusé de cette fille (1). »

Mais, qu'il s'agisse ou non du même cas et du même individu, il est certain que Voltaire a fait effort pour dérober au bourreau et à une justice trop rigoureuse un homme qui avait commis un crime de droit commun. Quels motifs l'animaient autres que la pitié, l'humanité et le désir de soustraire un pauvre diable à la mort ? Cette fois-là du moins il ne cherchait pas à soigner sa réputation et à en imposer à la France ; il écrivait sans bruit, pour le seul Balleidier, une lettre qu'il ne destinait ni au public ni à la postérité.

---

(1) Desnoireterres ; *Voltaire et la Société française au dix-huitième siècle ;* Voltaire et J.-J. Rousseau (Paris, Didier, 1874) ; petite note au bas de la page 298.

Simon Bigex et le père Adam

Sur la personnalité de Simon Bigex on ne possède qu'un très petit nombre de renseignements. Il était Savoyard, il savait du latin, il écrivait proprement. Jeune, il avait eu l'occasion de passer par Ferney, où Voltaire l'avait entrevu et apprécié. Désireux comme tant d'autres provinciaux de conquérir la célébrité par la littérature, il avait poussé jusqu'à Paris, mais il épuisa vite ses petites ressources, et, pour ne pas mourir de faim, il accepta un emploi de valet de chambre chez un conseiller des Enquêtes, Nigon de Berty. Par aventure Grimm entendit parler de lui, l'engagea comme copiste, lui témoigna de la sympathie et de l'estime.

Sur ces entrefaites Voltaire, qui manquait de scribe, songea que Bigex était capable de lui rendre des services : « Les choses auxquelles

Bigex peut travailler sont plus dignes de l'attention des sages (1) » que les inventions de Needham qui prétend fabriquer des anguilles avec de la farine de seigle. Comme il a perdu ses traces, il lance Damilaville à sa recherche : « Auriez-vous trouvé Bigex à Paris ? (2) », et à diverses reprises il reproche à son ami de le laisser sans nouvelles de Bigex (3). Enfin il apprend en 1768 que le jeune homme est chez Grimm, et il décide ce dernier à le lui céder : « C'était me couper mon bras droit, dit Grimm ; mais je consentis avec joie à la fortune de Bigex (4). »

A Ferney, Bigex se rend utile ; il certifie, en qualité de témoin, avec Wagnière, la déclaration du 30 mars 1769 par laquelle Voltaire atteste qu'il est malade et prie le curé Gros de venir le confesser et lui administrer le viatique. Le lendemain la signature de Bigex voisine avec celles du père Adam et de l'horloger Claude-Etienne Maugié au bas d'une profession de foi catholique faite par Voltaire en présence du notaire Raffo.

A l'occasion il prête son nom ; c'est ainsi que

(1) *Œuvres complètes de Voltaire ; op. cit. ;* à Damilaville, 13 novembre 1765 ; tome 64, p. 306.

(2) *Ibid.*

(3) *Œuvres complètes de Voltaire ; op. cit. ;* à Damilaville, 26 février et 12 mai 1766 ; tome 64, p. 406 et 453.

(4) Grimm ; *Correspondance littéraire ;* édition Tourneux (Paris, Garnier, 1879) ; tome 8, 1er novembre 1769, p. 366.

sont signées Bigex trois lettres où Voltaire malmène un membre de l'Académie des Belles-Lettres, l'abbé Foucher, qu'il avait ridiculisé par surcroît dans le tombeau de la Sorbonne et dans le chapitre huit de la Défense de mon oncle (1).

Bigex travaillait aussi pour son propre compte ; il ne manquait ni de style, ni de verve, ni de courage. Dans une lettre de M. Lépreux, docteur régent de la Faculté de médecine de Paris, à M. Bouvart, docteur régent de la même Faculté, il accable de sarcasmes le docteur Bouvart qui était connu par son esprit mordant et la violence de ses réparties, dont avait souffert le grand Tronchin.

Voilà ce qu'on savait sur Bigex, lorsque soudain le père Adam l'accusa d'avoir pendant la nuit dérobé des fruits. Bigex proteste, et proteste doublement, devant la justice et devant l'opinion publique. Il intente un procès pour diffamation, et en même temps il compose contre l'ex-jésuite une *Nouvelle Provinciale* de huit pages avec cette épigraphe :

Quo semel est imbuta recens, servabit odorem
Testa diu (2).

---

(1) *Œuvres complètes de Voltaire ; op. cit. :* 30 avril et 25 juin 1769, tome 65, p. 468 et 497 ; 31 août 1769 ; tome 67, p. 55.

(2) Horace ; Epîtres, liv. I, 2, v. 69.

Grimm juge que cette lettre « pleine d'érudition est une très bonne plaisanterie. L'anagramme *Ad omnia natus* que le philosophe Antoine (1) Bigex trouve dans le nom d'*Antonius Adam* est très heureusement appliquée à un ci-devant soi-disant jésuite. » Grimm se joue, assez pesamment, de ce nouvel Adam, rappelle après Voltaire qu'il n'est pas le premier homme du monde, et ajoute qu'il pourrait bien, comme l'autre, devenir une victime des fruits défendus ; car il ne doute pas que Bigex ne triomphe de son accusateur.

Voltaire s'amusa d'abord du procès, puis en eut quelque ennui : « Le scandale que la procédure criminelle du philosophe Simon Bigex contre le prêtre Antoine Adam faisait dans le pays de Gex a déplu au seigneur patriarche. Il a composé le procès à la gloire entière de Simon : Adam, par un acte devant notaire, a déclaré Simon Bigex incapable d'avoir volé des fruits, et lui a payé volontairement dommages et intérêts (2). »

Seulement, par une conclusion inattendue, le

(1) En réalité Bigex s'appelait Simon, et non Antoine. Grimm a reconnu son erreur : « Je demande pardon à M. Simon Bigex de l'avoir appelé l'année dernière Antoine Bigex, et de lui avoir donné pour patron un simple saint lorsqu'il a l'honneur d'appartenir à un apôtre. » *Correspondance littéraire ; op. cit.* ; tome 8, 1er novembre 1769, p. 367.

(2) Grimm ; *Correspondance littéraire ; op. cit.* ; tome 8, 15 mars 1770, p. 487.

vainqueur dut vider les lieux, tandis que le père Adam continuait à résider au château. D'après Grimm, Mme Denis avait opéré une intervention à la Caton et pris le parti du vaincu ; d'après Desnoireterres, Voltaire aurait jugé plus facile de remplacer un copiste qu'un joueur d'échecs. Les deux raisons sont plausibles ; une troisième ne l'est pas moins : le père Adam, par sa seule présence, était une manière de sauvegarde pour la « manufacture » de Ferney ; et Voltaire ne se résigne qu'en 1776 à le renvoyer, parce que le ci-devant jésuite « était devenu, non pas inutile, mais d'une société insupportable, et occasionnait continuellement des querelles, tant avec les étrangers qu'avec les personnes de la maison (1). »

Quoi qu'il en soit, Bigex reçut son congé. Il reçut aussi une petite pension, et, philosophiquement, au lieu de retourner à Paris, il se retira non loin de Genève dans son village natal, d'où il avait l'intention, et l'autorisation, de faire « tous les ans, au mois de décembre, le pèlerinage de Ferney (2) ».

Cette affaire Bigex-Adam a éveillé chez Desnoireterres un certain sentiment d'incrédulité :

---

(1) Longchamps et Wagnière ; *Examen des Mémoires de Bachaumont ; op. cit ;* p. 401.

(2) Grimm ; *Correspondance littéraire ; op. cit. ;* tome 8, 15 mars 1770, p. 487.

« Est-il et peut-il être question d'un vol réel ? Quelques fruits dérobés, d'ailleurs, en seraient-ils un ? Nous avons cherché et fait chercher en vain cette lettre de huit pages, manuscrite ou imprimée, nous avons voulu connaître s'il y avait véritablement eu procès et sentence. Notre enquête n'a pas abouti (1). »

Sur la lettre nous n'en savons pas plus que Desnoireterres, qui n'en savait que ce que Grimm en a dit. Quant au procès, nous en savons davantage. Peut-être ne s'est-il pas terminé en justice, et peut-être Voltaire a-t-il procédé, comme dit Grimm, à un accommodement, mais il a été commencé, il y a eu assignation, et le père Adam avait confié le soin de le défendre au procureur Balleidier, ainsi qu'en fait foi la lettre ci-jointe :

Monsieur,

Monsieur Balleidier, procureur au baillage de Gex,

à Gex

Monsieur,

« A mon âge j'attendais plutôt la mort qu'un

(1) Desnoireterres ; *Voltaire et la Société française au dix-huitième siècle ;* Voltaire et Genève (Paris, Didier, 1875) ; p. 276.

procès. Le Sr Bigex m'oblige à en soutenir un. L'assignation a été dressée par le Sr Châtelain et m'a été remise par le Sr Regard. Monsieur de Voltaire en a été très affligé. Il m'a dit qu'il vous avait écrit pour évoquer l'affaire à sa justice (1). J'aurais été charmé qu'elle fût promptement jugée par Monsieur le lieutenant général, dont je connais les lumières, la sagesse, la justice, et qui m'honore de ses bontés. Mais je veux traîner l'affaire en longueur, afin que l'homme puisse revenir de sa fureur, et reconnaisse sa folie sans le secours des juges. Si l'évocation n'est pas encore faite, Monsieur de Voltaire voudrait que vous la fixiez au plus tôt, afin qu'on ait le temps de se mettre en règle. Je pense que dans cette affaire vous pouvez vous employer à ma défense. Je ne puis souhaiter un plus habile défenseur. Ma cause ne peut être en meilleures mains. Je vous prie, et je vous demande en grâce de vouloir bien vous en charger et de m'écrire si vous aurez cette bonté, afin que je puisse vous envoyer mes moyens de défense et mes conclusions. J'ajouterai la reconnaissance aux sentiments vifs et sincères, avec lesquels j'ai l'honneur d'être, Monsieur,

---

(1) Cette lettre n'a pas été retrouvée, si tant est qu'elle ait été écrite.

Votre très humble et très obéissant serviteur.

ADAM.

A Ferney, ce 5 septembre 1769.

J'ouvre ma lettre pour vous prier d'arranger tout de façon que l'affaire puisse se terminer au jour des Assises. »

Les Crassy et la générosité de Voltaire

Les jésuites s'étaient installés en 1649 sur le territoire d'Ornex ; ils y possédaient la ferme du Jong ou de Jouy (1), d'un revenu annuel de six-cents livres, et ils s'étaient agrandis par l'achat de terres voisines. En 1756 ils obtinrent d'un certain Dauphin de Chapeaurouge, syndic de Genève, la cession du Clos Balthazard, qui rapportait douze cents livres. Cette propriété n'était passée dans les mains du syndic que par antichrèse, et elle appartenait en réalité à une vieille famille du pays, les Desprez de Crassy (2),

(1) La correspondance générale de Voltaire porte : ,Jong. Mais Joseph Brossard, dans son *Histoire du pays de Gex* (Bourg-en-Bresse, Milliet-Bottier, 1851), écrit : Jouy (p. 374). Les Jésuites avaient obtenu cette ferme en remboursant au sieur de Sceu, Genevois, « ce que cet abergeage avait coûté ».

(2) Dans les textes de l'époque le nom est orthographié tantôt Crassy (ou Crassi), tantôt Crassier. C'est le nom d'un village à cheval sur la frontière de l'Ain et du pays de Vaud ; l'appellation française est Crassy, l'appellation suisse Crassier. Desprez est aussi orthographié De Prez, Des Prez, Deprez...

qui jouissaient de la considération générale, mais dont la gêne pécuniaire égalait l'honorabilité. Le supérieur de la maison des jésuites, le père Fessi, sollicita et obtint en 1757 des lettres patentes du roi pour entrer dans la possession du fonds. On eut beau lui représenter qu'il y avait des mineurs, et qu'un jour ils pourraient revendiquer leur terre ; il n'attacha aucune importance à l'observation, persuadé que les Crassy n'auraient jamais de quoi rembourser les dettes pour lesquelles leur bien était antichrésé. En l'occurrence il avait compté sans Voltaire qui, ravi de jouer un tour aux jésuites, avança « quinze mille francs » (1) aux mineurs ; et bientôt une sentence du bailliage de Gex, que confirmera un arrêt du Parlement de Dijon, restituait à la famille de Crassy l'héritage dont elle avait été dépossédée.

***

Voltaire expédie à ses correspondants des bulletins de victoire : « Je les (les jésuites) fais déguerpir, mort-Dieu ! Je leur fais rendre gorge, et la providence me bénit (2)... Je les ai forcés de

(1) Depéry ; *Bibliographie des Hommes célèbres du département de l'Ain* (Bourg, Bothier, 1835), tome I, p. 134. L'abbé Jean Irénée Depéry était le secrétaire de l'évêque d'Orléans, Rouph de Varicourt, neveu des Crassy par sa mère, Gilberte Prospère de Crassy.

(2) *Œuvres complètes de Voltaire ; op. cit. ;* à Helvétius, 12 décembre 1760 ; tome 61, p. 359.

renoncer à leur usurpation, et ils m'ont apporté leur désistement. Voilà une bonne victoire des philosophes (1)... J'ai fait rendre le bien que les jésuites avaient usurpé sur six frères (2)... Vous savez que je tâche de rendre service au genre humain, non en paroles, mais en œuvres, ayant forcé les frères jésuites, mes voisins, à rendre à six gentilhommes un domaine considérable que saint Ignace avait usurpé sur eux (3)... J'ai eu des jésuites à chasser d'un bien qu'ils avaient usurpé (4)... Vous demandez des détails sur mon triomphe de gente jesuitica : ce triomphe n'est qu'une ovation ; nul péril, nul sang répandu. Les jésuites s'étaient emparés du bien de MM. de Crassy, parce qu'ils croyaient ces gentilshommes trop pauvres pour rentrer dans leurs domaines. Je leur ai prêté de l'argent sans intérêt pour y rentrer ; les jésuites se sont soumis ; l'affaire est faite (5)... J'ai fait, depuis votre départ, une terrible action d'impiété ; j'ai contraint les jésuites à déguerpir d'un domaine qu'ils avaient usurpé sur

(1) *Œuvres complètes de Voltaire ; op. cit. ;* à Helvétius, 2 janvier 1761 ; tome 61, p. 399.

(2) *Œuvres complètes de Voltaire ; op. cit. ;* à Cideville, 4 janvier 1761 ; tome 61, p. 401.

(3) *Œuvres complètes de Voltaire ; op. cit. ;* à d'Alembert, 6 janvier 1761 ; tome 54, p. 144.

(4) *Œuvres complètes de Voltaire ; op. cit. ;* à la comtesse de Lutzelbourg, 13 janvier 1761 ; tome 61, p. 409.

(5) *Œuvres complètes de Voltaire ; op. cit. ;* à Thiriot, 15 janvier 1761 ; tome 61, p. 418.

six gentilshommes, mes voisins, tous frères, tous officiers du roi, tous servant dans le régiment de Deux Ponts, tous braves gens, tous en guenilles (1)... Je chasse les jésuites d'un domaine usurpé par eux (2)... On trouve les jésuites partout ; mais aussi ils me trouvent. Je leur ai ôté la vigne de Naboth. Il leur en coûte vingt-quatre milles livres (3)... J'ai bien eu l'avantage de chasser les jésuites de cent arpents de terre, qu'ils avaient usurpés sur des officiers du roi ; mais je ne peux leur ôter les terres qu'ils possédaient auparavant, et qu'ils avaient obtenues par la confiscation des biens d'un gentilhomme : on ne peut pas couper toutes les têtes de l'hydre (4)... Je m'amuse à chasser les jésuites d'un terrain qu'ils avaient usurpé (5)... Je les ai fait sortir d'un domaine qu'ils usurpaient (6)... Je les ai chassés sans bruit, je n'ai eu que la moitié du plaisir (7)...

---

(1) *Œuvres complètes de Voltaire ; op. cit. ;* au marquis d'Argence de Dirac, 20 janvier 1761 ; tome 61, p. 422.

(2) *Œuvres complètes de Voltaire ; op. cit. ;* à d'Argental, 26 janvier 1761 ; tome 61, p. 434.

(3) *Œuvres complètes de Voltaire ; op. cit. ;* à d'Argental, 30 janvier 1761 ; tome 61, p. 436.

(4) *Œuvres complètes de Voltaire ; op. cit. ;* au comte d'Argence de Dirac ; 24 février 1761 ; tome 61, p. 458.

(5) *Œuvres complètes de Voltaire ; op. cit. ;* à Madame de Fontaine, 27 février 1761 ; tome 61, p. 461.

(6) *Œuvres complètes de Voltaire ; op. cit. ;* à d'Argental, 17 avril 1761 ; tome 61, p. 487.

(7) *Œuvres complètes de Voltaire ; op. cit. ;* à d'Alembert, 20 avril 1761 ; tome 54, p. 162.

« Je les ai chassés sans bruit ! » Les deux assertions, que contient cette phrase, ne sont pas d'une stricte exactitude. « Sans bruit ? » Voltaire n'ignore pas que cette expulsion aura du retentissement et que ses correspondants ne sont pas gens à garder par devers eux un secret qu'il n'est pas dans ses intentions de leur demander. « Je les ai chassés ? » L'affaire n'était pas définitivement close. M. de Chapeaurouge, qui détenait le domaine avant les jésuites, intervenait et réclamait des indemnités.

Voltaire appuie les Crassy de ses conseils, de son crédit, de sa bourse ; mais il exige qu'ils lui fassent une procuration en règle, et, comme elle tarde, il presse Balleidier de l'obtenir : « Une affaire qui doit l'intéresser est celle de Messrs de Crassy ; elle est considérable. Messrs de Crassy étant réformés ne sont pas en état de la poursuivre. Il faut, ou que je me fasse rembourser des dix-huit cents francs, que j'ai prêtés à M. de Crassy le Second, ou que l'appel du Sr Chapeaurouge soit jugé. Or pour le juger il faut une procuration de la mère qui est tutrice des mineurs ; celle que m'a donnée M. de Crassy le Second ne vaut rien, et il ne m'a pas accusé juste quand il m'a dit qu'il était seul tuteur. Il a emprunté 1800 £ sur cette affaire, je suis en droit de le faire condamner, c'est à M. Balleidier à conduire cette affaire avec prudence ; elle fera le bien des mineurs et opérera mon remboursement (1). »

Le 12 avril il réclame la procuration, en signalant le danger que courent les Crassy, s'ils temporisent : « Je reçois la lettre de M. Balleidier touchant l'affaire Crassy ; je lui écrivis hier (2) sur cet objet, et il n'a peut-être pas encore reçu ma lettre.

« J'avancerai tout ce qui sera nécessaire, et M. Balleidier peut en assurer Mme Crassy. Mais il faut que je sois assuré du remboursement. Je ne peux être assuré de ce remboursement qu'en cas que la famille poursuive à Dijon la confirmation de la sentence de Gex. Il faut donc que la mère me donne une procuration pour poursuivre en son nom ou en celui de ses enfants. Monsieur Arnoult, mon avocat à Dijon, qui est le plus accrédité de la province se chargera de tout et l'affaire sera bientôt finie. Si on a une meilleure voie et des moyens plus sûrs, on peut me les indiquer. Il est de l'intérêt de la famille de ne pas négliger une affaire qui la remet en possession de son patrimoine et il est de sa probité de ne pas me frustrer d'un argent que j'ai prêté avec quelque générosité. L'affaire presse ; attendu que les

(1) Lettre à Balleidier. Aux Délices, 25 mars 1763.
(2) Nous n'avons pas cette lettre.

jésuites gèrent leur patrimoine, qu'ils l'ont détérioré, qu'ils ont coupé les arbres, qu'on ne peut à présent avoir recours contre eux, et qu'il ne sera plus temps quand le domaine des jésuites sera remis aux économats, comme il le sera sûrement (1).

« Il est d'ailleurs probable que Mrs de Crassy rentreront dans leur domaine sans rien payer à Mr de Chapeaurouge, attendu que la longue jouissance de l'usure nommée antichrèse absorbe beaucoup au-delà du principal prêté aux auteurs de Mrs de Crassy.

« Ils voient sans doute combien la poursuite de cette affaire leur est avantageuse. Je leur ai procuré les moyens de recouvrer leur domaine ; je continuerai, je ne demande que les sûretés convenables.

« Je prie M. Balleidier d'en conférer avec Mr Rouph (2) et avec la famille (3). »

Le 14 avril Voltaire exprime sa surprise et son

---

(1) Des lettres-patentes, enregistrées au Parlement de Paris les 3 et 5 février 1763, fixaient les procédures à suivre pour la vente des biens appartenant aux jésuites et attribuaient au bureau des économats la surveillance et la recette des revenus. Voir : *Journal de Barbier* (Paris, Charpentier. 1858), huitième série, 1762-1763. p. 64.

(2) Pierre Louis Rouph, avocat, est le frère d'Etienne Rouph de Varicourt, qui avait épousé Gilberte de Crassy, sœur des Crassy.

(3) Lettre à Balleidier ; 12 avril 1763.

mécontentement de n'avoir pas reçu la pièce qu'il a plusieurs fois réclamée : « Je ne conçois pas comment je n'ai point une procuration légale de M. de Crassy pour achever l'affaire qui doit faire rentrer cette famille dans son bien. J'ai prêté 1800 £. Il est de l'intérêt de cette famille de recouvrer son domaine, et du mien de me faire payer.

« Le Sr Roux ou Rouph, avocat, beau-frère (*sic*) de M. de Crassy, me fit donner une procuration d'un des frères disant qu'elle suffisait ; mais elle ne suffit pas (1). »

« J'ai à cœur l'affaire Crassy ; j'ai écrit à celui qui m'a emprunté 1800 £ que si on ne me donnait pas satisfaction sur la procuration nécessaire j'étais en droit de répéter mon argent (1). »

Le 21 mai il insiste sur le besoin qu'il y a de posséder une procuration dont la teneur lui donne tous pouvoirs et toute sécurité : « On m'assure, Monsieur, que la procuration sous seing privé donnée à M. Etienne de Crassy par messieurs ses frères et mesdames ses sœurs n'est pas suffisante pour mettre nos créances en sûreté.

« Je suis pressé de faire à Mr de Crassy et à toute sa famille tous les plaisirs qui dépendront de moi. Il est nécessaire au préalable que M. de Crassy ait une procuration par devant notaire

(1) Lettre à Balleidier ; 14 avril 1763.

tant de Mme sa mère que de ses frères et sœurs pour l'autorisation à emprunter et pour ratifier les emprunts ci-devant faits afin de parvenir à rentrer dans leur domaine, sauf ensuite à la famille de s'arranger avec M. Etienne de Crassy.

« Il y a encore un parti plus court à prendre ; c'est que toute la famille me fasse une procuration pour agir en son nom à l'effet de recouvrer son domaine, autorise les emprunts faits à moi au nom de la famille pour la poursuite de cette affaire, promette le remboursement de mes avances et de mes frais, me donne pouvoir d'agir en son nom, de constituer et révoquer procureurs, de faire généralement tout ce que je jugerai convenable, ratifie les emprunts faits par M. Etienne de Crassy qui en comptera à la famille ; en un mot je demande une procuration légale et ample qui mette tout en règle, et en sûreté...

« Je vous prie de demander à Mrs de Crassy leur dernière résolution. Vous pouvez leur faire entendre que ce n'est qu'en vertu d'une procuration en bonne forme que je veux leur prêter de l'argent (1). »

Le 1er juin il se « flatte que la famille de Mrs de Crassy entendra assez ses intérêts pour ne pas

(1) Lettre à Balleidier ; 21 mai 1763.

abandonner une affaire qui doit les faire rentrer dans leur bien (1). »

Les choses finirent en effet par s'arranger. Nous ne savons pas si M. de Champeaurouge a été condamné en appel ou s'il a négocié un accommodement ; mais ce qui est sûr, c'est que les Crassy furent remis en possession de leur bien, et qu'ils le durent à Voltaire, qui, non content de leur prêter de l'argent, dut, comme on l'a vu, secouer leur nonchalance et mener l'affaire lui-même avec sa fougue coutumière.

L'orgueil qu'il conçut de son intervention triomphante survécut aux circonstances ; à des dates diverses il la rappellera pour s'en glorifier : « Le plus jeune (des Crassy) avait treize ans et le plus vieux en avait vingt-cinq. Le procureur des jésuites, le plus grand fripon que j'aie jamais connu, obtint une pancarte du Conseil pour s'emparer à jamais du bien de ces pauvres enfants. Ils vinrent me trouver : je me fis leur Don Quichotte ; ils rentrèrent dans leur bien, et j'eus le plaisir d'attraper les jésuites avant qu'ils fussent chassés. Je n'ai jamais eu de ma vie tant de satisfaction (2)... Les jésuites, en cultivant la

(1) Lettre à Balleidier ; 1er juin 1763.

(2) *Œuvres complètes de Voltaire ; op. cit.* ; à Mme du Deffand, Perney, 5 mai 1770 ; tome 67, p. 205.

vigne du Seigneur dans notre pays, firent assez bien leurs affaires. Permettez-moi de vous raconter, Monseigneur, qu'en 1756 j'appris qu'ils avaient acheté à ma porte le bien de six gentilshommes... Ce bien était en antichrèse, c'est-à-dire prêté à usure depuis longtemps. Nos missionnaires l'achetèrent d'un huguenot qui l'avait acheté lui-même à vil prix. Ainsi l'on vit la concorde établie entre les jésuites et les hérétiques (1). »

En 1776, dans le *Commentaire historique* il revendique pour lui la priorité des attaques qui furent lancées en France contre les jésuites ; et, à l'entendre, son geste aurait été comme le prélude du procès qui eut pour dénouement la suppression de la Compagnie de Jésus : « L'affaire (des Crassy) est d'autant plus intéressante que son commencement avait précédé la fameuse banqueroute du jésuite La Valette et consorts, et qu'elle fut en quelque façon le premier signal de l'abolition des jésuites (2). »

Un mois avant sa mort, dans le tumulte de son séjour à Paris, alors qu'il est accablé de visites,

---

(1) *Œuvres complètes de Voltaire ; op. cit. ;* à M. de Maupeou, avril 1774 ; tome 68, p. 381-382.

(2) *Œuvres complètes de Voltaire ; op. cit. ;* tome 1, p. 434. Déjà, dans une lettre à La Chalotais (17 mai 1762) il s'était vanté « d'avoir le premier attaqué les jésuites en France » : Voir : *Ibidem*, tome 62, p. 278.

de travaux, de soucis, de maladies, Voltaire parle encore du succès qu'il a remporté sur les jésuites dans l'affaire des Crassy : « Il est permis à ces pauvres ex-jésuites de haïr tel homme qui les força, il n'y a pas longtemps, à restituer à sept (1) enfants mineurs, tous au service du roi, leur bien de patrimoine, dont ces bons pères s'étaient emparés. Ce sont de ces sacrilèges que les dévots ne pardonnent jamais (2) », mais dont les philosophes s'enorgueillissent leur vie durant.

*
* *

Un bienfait lie autant le bienfaiteur à l'obligé que l'obligé au bienfaiteur : « Ceux que nous avons obligés une fois semblent avoir des droits sur nous, et lorsque nous nous retirons d'eux, ils se croient offensés (3). » Voltaire n'offense pas ceux qu'il a obligés ; car il ne se retire pas d'eux. Au contraire il se multiplie pour aider la famille de Calas, celle de Sirven, et le jeune d'Etallonde, complice du chevalier de La Barre. Pareillement il ne cesse d'avoir des prévenances pour les

---

(1) Erreur déjà commise par Voltaire dans une lettre du 5 mai 1770 à Mme du Deffand et dans une autre du 1er juin 1770 à la duchesse de Choiseul. La famille de Crassy comprenait deux filles et six garçons.

(2) *Œuvres complètes de Voltaire ; op. cit. ;* au comte de Rochefort, Paris, 16 avril 1778 ; tome 69, p. 390.

(3) *Œuvres complètes de Voltaire ; op. cit. ;* à Mme de Sauvigni, 3 janvier 1769 ; tome 65, p. 363.

Crassy, de les attirer à son château, de les recommander à Paris ou à Versailles.

Il intervient pour l'un d'eux auprès de Mme du Deffand (5 mai 1770), de la duchesse de Choiseul (1er juin 1770), de Malesherbes (18 juillet 1775), de Mme de Saint-Julien (24 novembre et 20 décembre 1775). Il implore la protection de Turgot pour leur oncle, Rouph de Varicourt, « procureur du roi, pourvu anciennement de l'office de contrôleur du grenier à sel, homme de mérite, grand cultivateur, et chargé de dix enfants (1). » Il sollicite un bénéfice pour leur neveu, « ce grand garçon de Varicourt, qui est un des plus beaux (2) prêtres du royaume, et un des plus pauvres (3). » Enfin il comble d'amitiés la jeune Reine Philiberte Rouph de Varicourt, que Mme Denis avait prise auprès d'elle en 1776 pour lui tenir compagnie. Elle était la fille de Marin Etienne Rouph de Varicourt, ancien officier des gardes du corps, et de Gilberte Prospère de Crassy, et la sœur du prêtre (dont il vient d'être question) et de François de Varicourt, qui, garde du corps de Marie-Antoinette, sera égorgé dans la nuit du 5 au 6 octobre 1789 par les émeutiers de Versailles.

(1) *Œuvres complètes de Voltaire ; op. cit. ;* à Turgot, 8 janvier 1776 ; tome 69, p. 157.

(2) Voltaire l'appelait : Apollon-Pasteur.

(3) *Œuvres complètes de Voltaire, op. cit. ;* à Mme de Saint-Julien, 20 décembre 1775 ; tome 69, p. 145.

C'est elle qu'il a surnommée « Belle et Bonne »; il la chérit « avec une tendresse extrême (1) » pour sa bonne grâce, son goût, son égalité d'âme et toutes les vertus qu'il énumère dans nombre de lettres ; enfin il favorise son mariage, quoiqu'elle n'ait rien, avec le marquis de Villette qui possède cinquante mille écus de rente : « Il (le marquis) est venu nous voir et nous l'avons marié pour lui faire les honneurs de la maison (2)... Je lui ai fait faire le meilleur marché qu'on puisse jamais conclure. Il a épousé, dans ma chaumière de Ferney, une fille qui n'a pas un sou, et dont la dot est de la vertu, de la philosophie, de la candeur, de la sensibilité, une extrême beauté, l'air le plus noble, le tout à dix-neuf ans (3). » Voltaire avait assisté lui-même avec Madame Denis à la bénédiction nuptiale (10 novembre 1777), à laquelle assistaient aussi quatre des frères de Crassy : « Louis Amable Deprez, chevalier, seigneur de Crassier, chevalier de Saint-Louis, capitaine au régiment royal Deux-Ponts, Etienne Deprez de Crassier, chevalier, lieutenant-colonel d'infanterie, chevalier de Saint-Louis, lieutenant

(1) Meister ; *Correspondance littéraire*, édition Tourneux (Paris, Garnier, 1880) ; tome 12, février 1778, p. 54.

(2) *Œuvres complètes de Voltaire ; op. cit. ;* à La Harpe, 19 novembre 1777 ; tome 69, p. 450.

(3) *Œuvres complètes de Voltaire ; op. cit. ;* à d'Alembert, 26 novembre 1777 ; tome 55, p. 399.

du Roi, bailli d'épée du Charollais, François Joseph Deprez de Bruel, chevalier, capitaine de cavalerie, chevalier de Saint-Louis, Louis Joseph Charles Deprez, chevalier, lieutenant au régiment royal Bavière (1). »

Entre les Crassy et Voltaire les relations d'amitié se doublaient de relations d'affaires, où chacun défendait ses intérêts sans acrimonie, mais en propriétaire qui n'entend pas être lésé : « M. de Crassier est tout étonné de se voir obligé de payer, pour le champ que je lui ai donné, les dîmes que je ne payais pas, et beaucoup de redevances au Roi, dont ce champ était exempt, comme étant du temps de l'ancien dénombrement. M. de Crassier ne sait-il pas que ces privilèges sont perdus dès que le terrain a passé dans des mains étrangères ? Voilà pourquoi nous avons stipulé dans notre contrat qu'il payerait pour moi toutes les redevances attachées à la pièce de terre qu'il m'a donnée en échange (2). »

Les Crassy ont toujours gravité dans l'orbite de Ferney. Leur présence était agréable à Voltaire : elle lui rappelait ses bienfaits. Il en tirait

(1) Extrait de l'acte de mariage, qui est actuellement déposé au greffe du tribunal de Gex.

(2) Cité par Perey et Maugras ; *la Vie intime de Voltaire aux Délices et à Ferney* 1754-1778 (Paris, Calmann-Lévy, 1885) ; p. 518-19.

une autre satisfaction. Bien que leur famille fût d'origine vaudoise, les Crassy comptaient au pays de Gex, où ils étaient installés depuis plusieurs générations, beaucoup de parents, d'amis, de relations, de sympathies. On en aura la preuve en 1789 lorsque la noblesse et le clergé de Gex enverront aux Etats-Généraux, pour les représenter, Etienne de Crassy (1) et le jeune curé Pierre Marie Rouph de Varicourt, futur évêque d'Orléans (1819). Voltaire a certainement bénéficié de leur influence, de leurs attaches dans la province, de l'estime qu'ils inspiraient à la population. Ils ont ainsi contribué à légitimer moralement le droit de cité que l'achat de Ferney lui avait conféré légalement, et à faire admettre et

---

(1) Dans une supplique à la Convention Nationale (Paris, imprimerie de Guérin, sans date), que possède la Bibliothèque Nationale (L. b. 41 820), l'ancien protégé de Voltaire se flatte de n'avoir pas « varié un seul instant pour soutenir la cause du peuple souverain » et il ajoute : « Je fus hautement de ce qu'on appelait la minorité de la noblesse ; et malgré les menaces d'égorger et de noter d'infamie, je fus le premier à quitter la chambre des ci-devant, pour aller me réunir à celle des communes. »

Plus tard, il reprend du service, s'illustre à Valmy, commande en second sous les ordres du général Valence les troupes qui par Vouziers, La Croix-aux-Bois et Buzancy, poursuivent les Prussiens en retraite. Il joue successivement un rôle important sur le Rhin et à l'armée des Pyrénées Occidentales. Voir : L. de Launay ; *Une famille de la bourgeoisie parisienne pendant la Révolution* (Paris, Perrin, 1921), p. 317 ; A. Chuquet ; *Les Guerres de la Révolution* (Paris, Cerf), passim dans les volumes sur la Première Invasion prussienne et sur Valmy ; enfin et surtout la supplique de Deprez-Crassier, général de division, à la Convention Nationale.

en quelque sorte adopter comme un compatriote celui qui n'était d'abord qu'une manière d'immigré.

Ils lui ont apporté un concours plus direct et plus concret dans certaines circonstances, et ils ont joué notamment un rôle actif dans les négociations qu'il avait engagées avec Trudaine et Turgot pour obtenir que Gex eût le droit, moyennant une somme fixe à payer, d'acheter son sel, partie à Peccais dans le Languedoc, partie à la République de Genève. Le subdélégué Fabri lui témoignait en public la plus grande estime ; mais il le soupçonnait, non sans quelque apparence de raison, de vouloir avec l'appui des Crassy substituer en douceur son autorité à la sienne et exercer dans l'ombre un pouvoir effectif. Il s'en plaignait, il en souffrait dans son amour-propre ; il allait même jusqu'à dénoncer « une cabale des Déprés de Crassy et des Rouph, qui se sont emparés de notre vieillard à un point que l'une des filles du sieur Rouph de Varicourt demeure depuis environ six semaines au château de Ferney, où elle fait compagnie à madame Denis, et où elle rend compte à son père et à ses oncles de Crassy de tout ce que je dis et de tout ce qui se fait (1). »

(1) Lettre de Fabri à de Brosses ; Versoix, 20 mars 1776. Cité par Desnoireterres ; *Voltaire et la Société française au XVIII*e *siècle ;* Voltaire, son retour et sa mort (Paris, Didier,

Il n'est pas vraisemblable que les Crassy aient encerclé Voltaire, comme le craint Fabri ; le « vieillard » était trop madré pour se laisser circonvenir, à supposer qu'ils en aient eu l'intention. Ils l'ont aidé de leur influence dans la province de Gex ; et lui, il les a aidés de son influence à Versailles et à Paris en leur trouvant des protecteurs et des protectrices ; mais le plus grand service qu'il leur ait rendu, c'est de les avoir réintégrés dans leur domaine familial. Qu'il y ait été poussé par sa haine des jésuites, la chose paraît incontestable (et il l'avoue dans ses lettres, tout en

---

1876) ; p. 84. Les Crassy n'aimaient pas plus Fabri qu'il ne les aimait, et à la longue leur inimitié s'exaspéra. Ils lui reprochaient de la « piraterie » dans l'exercice de ses fonctions ; et c'est eux qu'il vise lorsque, en 1790, il publie son « Mémoire pour servir à la justification de l'administration de Gex », où, entre autres argumemnts, il fait valôir que leur bienfaiteur Voltaire « l'honorait de son amitié et de son estime » (page 9). Etienne de Crassy ripostait d'ailleurs du tac au tac dans sa *Réponse d'un laboureur Gessien* (Bruxelles, 1790), qui porte cette épigraphe significative :

Quid non mortalia pectora cogis, auri sacra fames !

Et à son tour il invoquait Voltaire et rapportait une anecdote qui met en relief la rapacité du subdélégué : « Pigal (*sic*), fameux artiste, étant chez le sublime Poète (Voltaire), le subdélégué Fabry, décoré du cordon de Saint-Michel, entra. L'artiste, curieux de savoir dans quel genre excellait le porteur de cordon, l'homme célèbre lui répondit : *Dans l'art...*, puis il étendit le bras, allongea les doigts, et les recourba à maintes reprises » (page 44).

Dans un second manifeste, *Adresse du laboureur Gessien à ses compatriotes* (Bruxelles, 1790), Etienne de Crassy insistait de nouveau sur « la conscience putride » (page 3) de Fabri, sur « ses malversations, ses péculats, ses mensonges » (page 6).

le niant dans le *Commentaire historique*) (1) : il n'en a pas moins, en cette occasion, accompli un acte d'humanité, qu'il serait puéril et malséant de rabaisser. Il a prêté, et prêté sans intérêt ; et même, si on en croit Wagnière, il aurait de son plein gré abandonné une partie de sa créance : les Crassy avaient « remboursé la plus grande partie de cette somme, et M. de Voltaire leur fit remise du restant ». (2)

Nicolardot, qui déteste Wagnière, repousse cette dernière assertion, en s'appuyant sur un passage du Commentaire historique : « Lorsqu'on délivra la France des révérends pères jésuites, ces mêmes gentilshommes (les Crassy), dont les bons pères avaient voulu ravir le bien achetèrent celui des jésuites, qui était contigu (3). » Nicolardot se refuse à « croire que des gens assez riches pour acheter, suivant le *Commentaire historique*, un joli domaine qui avait été entre les mains des jésuites, eussent consenti à un pareil cadeau, et que Voltaire eût imaginé de secourir des person-

(1) « Ce n'était assurément ni par haine pour le père Fesse, ni par aucune envie de mortifier les jésuites, qu'il avait entrepris cette affaire. » *Œuvres complètes de Voltaire ; op. cit.* ; tome I, p. 435.

(2) Longchamp et Wagnière ; *Mémoires sur Voltaire et sur ses Ouvrages ;* Additions au Commentaire historique ; *op. cit.* ; tome I, p. 55.

(3) *Œuvres complètes de Voltaire ; op. cit. ;* tome I, p. 435.

nes qui n'avaient pas besoin de ses bienfaits (1). »

Le domaine des jésuites devait être en effet « un joli domaine », même s'il ne rapportait pas « entre quatre et cinq mille livres de rentes » (2), ce qui était l'estimation de Voltaire, disposé naturellement à grossir la valeur des biens que les jésuites avaient acquis. Mais les Crassy n'en avaient pas acheté la totalité, puisqu'en 1774 Voltaire demandait pour son curé la ferme du Jong, qui à cette date demeurait sous séquestre. D'autre part les domaines, saisis et vendus par ordre du roi, ne se vendaient pas à leur prix normal, et les Crassy n'avaient pas eu à débourser la somme qu'ils auraient déboursée dans un marché ordinaire, de gré à gré.

Cependant quel que soit le lot dont ils s'étaient rendus acquéreurs, et quel que soit le prix auquel il avait été adjugé, ils n'auraient pas été en mesure de le payer d'eux-mêmes, puisque, un ou deux ans auparavant, en 1763, ils étaient les débiteurs de Voltaire. On ne comprend pas par quel miracle, d'un jour à l'autre, ils seraient devenus assez riches pour arrondir leurs terres. Il faut que cette fois encore Voltaire se soit converti en

(1) Nicolardot ; *Ménage et Finances de Voltaire* : op. cit. ; tome II, p. 117.

(2) *Œuvres complètes de Voltaire ; op. cit.* ; à M. de Maupeou, avril 1774 ; tome 68, p. 382.

un deus ex machina, ou, si l'on préfère, en une sorte de Providence (1), pour permettre aux Crassy de déposséder à leur tour les bons pères, malicieusement.

Ce n'est qu'une hypothèse ; mais elle explique l'achat du domaine. Elle explique aussi pourquoi en 1778 les Crassy restaient avec une lourde dette, comme l'atteste un acte passé le 18 juin 1778 dans l'étude des sieurs Sauvage et Dutertre, notaires au Châtelet de Paris : « Dame Marie-Louise Mignot, veuve de M. Charles Nicolas Denis, Capitaine au Régiment de Champagne, Chevalier de l'ordre royal et militaire de Saint-Louis, Commissaire ordonnateur des guerres, et depuis Conseiller correcteur en la chambre des Comptes à Paris, logée actuellement chez M. Lavalette, Garde du Trésor royal, rue Saint-Honoré, paroisse Saint-Roch... donne pouvoir (au sieur Jean-Louis Wagnière) de pour elle et en son nom régir, gouverner, administrer la terre de Ferney,... de convertir en obligation par devant notaire... le billet de dix mille livres dû par M. de Crassy. »

Nicolardot s'appuyait sur la soi-disant richesse des Crassy pour accuser Wagnière d'avoir fardé

(1) Lorsque les Crassy eurent acheté le bien des jésuites, « M. de Voltaire, qui avait toujours combattu les athées et les jésuites, écrivit qu'il fallait reconnaître une Providence. » Voir : *Œuvres complètes de Voltaire ; op. cit.* ; tome I, p. 435.

la vérité ; l'accusation s'écroule, puisque s'écroule l'argument dont on prétendait l'étayer.

Quelques détails nous confirment dans cette opinion que Wagnière répugnait aux allégations tendancieuses et aux louanges mensongères. Ce serait une maladresse, si ce n'était une preuve de véracité, d'avoir dit que les Crassy avaient remboursé la majeure partie de leur dette ; s'il avait diminué l'importance du remboursement, il aurait grandi Voltaire, qui les tenait quittes du reliquat. Il l'aurait grandi encore, s'il s'était tû, lorsque le bruit se répandit que le patriarche avait offert cinquante mille francs pour doter leur nièce, Belle et Bonne (1) ; mais il nia la chose, catégoriquement : « L'offre prétendue de la dot est fausse, et le prétendu refus de M. de Villette plus faux encore (2). » Une telle rectification met en lumière la sincérité de Wagnière et son souci de détruire les légendes, même les plus favorables. Il a beau

---

(1) Dans ses lettres à Delisle de Sales (2 novembre 1777), au comte d'Argental (5 novembre 1777), au comte de Schomberg (15 novembre 1777), à La Harpe (19 novembre 1777). Voltaire insiste sur la pauvreté de Belle et Bonne : « Elle n'a précisément rien... Elle n'a pas un denier... L'unique dot est de la bonté et de la vertu... Cette demoiselle n'a d'autre dot que sa beauté et sagesse. » Nulle part il ne déclare, comme il l'a fait pour mademoiselle Corneille, qu'il l'a dotée ou qu'il a eu l'intention de la doter.

(2) Longchamp et Wagnière ; *Mémoires sur Voltaire et sur ses Ouvrages ;* Examen des Mémoires pour servir à l'histoire de Voltaire ; *op. cit. ;* tome II, p. 103.

chérir Voltaire, il lui retire le bénéfice d'un geste qui l'eût singulièrement honoré ; il n'en est que plus digne de foi, lorsqu'il lui attribue un acte analogue de libéralité envers ses débiteurs, les Crassy.

Rousseau ou Diderot ? (1)

Les arts et les sciences contribuent aux progrès d'une civilisation mécanique, mais pervertissent les mœurs ; en éloignant l'homme de la nature, ils le corrompent et le transforment en un être artificiel, épris de plaisirs factices et de jouissances malsaines. Telle est l'idée qui circule à travers le *Discours sur les Sciences et les Arts :* elle valut à son auteur le prix de l'Académie de Dijon (1750) et les premiers sourires d'une gloire orageuse. Reprise, élargie, fécondée, elle anime le *Discours sur l'origine de l'inégalité*, la *Lettre à d'Alembert*, l'*Emile*, le *Contrat social*, sans compter la *Nouvelle Héloïse ;* elle agit sur Rousseau à la manière d'un levain ou d'un ferment ; elle soulève et vivi-

(1) Cette étude a paru dans la *Revue d'Histoire littéraire de la France*, n° 2, avril-juin 1924. Je l'ai retouchée et augmentée.

fie son œuvre ; elle lui confère enfin sa vraie signification et son unité.

Or cette idée, qui est l'essence du Rousseauisme, on ne sait pas au juste si elle appartient en propre à Rousseau ou s'il la tient de Diderot. Comme tous deux ont une certaine parenté de caractère, comme ils sont vibrants, explosifs, illuminés, dionysiaques, prompts à l'extase et à la révolte, enclins au paradoxe et à l'outrance, il est difficile d'invoquer des raisons de tempérament et des motifs psychologiques pour attribuer à l'un une conception qu'on refuserait à l'autre. Aussi ceux qui ont eu à parler de Rousseau ou de Diderot ne se sont-ils pas prononcés sur ce point, ou, s'ils l'ont fait, ils en ont jugé, ou préjugé, d'après leurs préférences personnelles plutôt qu'en connaissance de cause.

Pour trouver une solution satisfaisante, le mieux serait sans doute de débrouiller le terrain des apports successifs dont l'ont encombré les critiques postérieurs au XVIIIe siècle, et de remonter aux sources, c'est-à-dire aux ouvrages de Rousseau, de Diderot et de leurs contemporains : Marmontel, Morellet, Madame de Vandeul (1).

(1) Je laisse de côté Collé et Meister qui ne reproduisent que des on-dit. « Sans égard pour la vérité, il (Rousseau) n'a composé son Discours sur les sciences et les arts que pour briller. Diderot lui dit qu'il serait trop commun de soutenir que les sciences étaient avantageuses aux sociétés humaines, et, indif-

I

Rousseau traite la question dans la deuxième *Lettre à M. de Malesherbes* (12 janvier 1762) et dans les *Confessions* (part. II ,liv. VIII).

Dans la lettre il explique comment, en allant voir Diderot, prisonnier à Vincennes, il feuilletait un *Mercure de France*, où l'Académie de Dijon proposait son fameux sujet sur les sciences et les arts. Alors il a une « inspiration subite » et « l'esprit ébloui de mille lumières » ; il éprouve un « étourdissement semblable à l'ivresse », une violente palpitation » qui l'empêche de respirer, si bien qu'il se « laisse tomber sous des arbres de l'avenue ». Il y passe une demi-heure et se relève tout mouillé de larmes sans avoir senti qu'il en répandait. De grandes vérités l'ont illuminé : il a vu « les contradictions du système social » et

férent pour le vrai ou pour le faux, il se décida à traiter la proposition inverse, par le motif seul de son extrême singularité. Ce fait est de notoriété publique parmi les gens de lettres. » (*Correspondance inédite de Collé publiée par Honoré Bonhomme* ; Paris, Plon, 1864 ; lettre VI à M. de V*** ; à Paris, ce 26 juin 1775 ; p. 66-67). « Le sujet aurait pu être très philosophique ; mais l'auteur du Discours ne voulait être que singulier. C'était le conseil que lui avait donné Diderot. « Quel parti prendrez-vous ? dit-il au Genevois, qui allait composer pour l'Académie de Dijon. — Celui des lettres, dit Jean-Jacques. — C'est le pont aux ânes, reprit Diderot ; prenez le parti contraire, et vous verrez quel bruit vous ferez. » (Meister ; *Correspondance littéraire*, édition Tourneux ; Paris, Garnier, 1879 ; tome 11, juin 1776 ; p. 285).

« tous les abus de nos institutions » ; il a compris « que l'homme est bon naturellement, et que c'est par ces institutions seules que les hommes deviennent méchants ». Sur le lieu même il improvise « la Prosopopée de Fabricius ».

Les *Confessions* renferment quelques détails supplémentaires : en arrivant à Vincennes, il était « dans une agitation qui tenait du délire. Diderot l'aperçut : je lui en dis la cause, et je lui lus la Prosopopée de Fabricius, écrite au crayon, sous un chêne. Il m'exhorta de donner l'essor à mes idées, et de concourir au prix... Quand ce discours fut fait, je le montrai à Diderot, qui en fut content, et m'indiqua quelques corrections. »

Diderot aurait donc joué un rôle actif, et même doublement actif, en poussant son ami à traiter le sujet et en retouchant le discours. Mais ce ne serait pas sur son conseil que Rousseau aurait soutenu la négative et il n'aurait aucun droit à revendiquer la paternité de la thèse.

II

Dans la première édition de son *Essai sur la vie de Sénèque le philosophe*, Diderot ne prend pas Rousseau à partie. Mais Naigeon y a inséré des notes méchantes : « Ce n'est ni un penseur profond, ni un logicien exact et sévère, ni un moraliste aussi instructif, aussi original, aussi agréable à lire que Montaigne, ni même un ami très sincère et très zélé de la vérité ;... c'est un sophiste adroit, quelquefois même très subtil, qui se met fort peu en peine de se contredire, et à qui le choix des opinions est en général à peu près indifférent, pourvu que celle qu'il embrasse, vraie ou fausse, lui offre un champ assez vaste pour faire briller tous ses talents (1) ». Diderot fut pris à partie par les ennemis de Rousseau, qui voyaient en lui l'inspirateur de Naigeon. Il en conçut de l'amertume et son amertume redoubla lorsqu'il apprit la manière dont Rousseau, dans les *Confessions*, contait sa brouille avec lui et avec Madame d'Epinay. Furieux, il intercala dans la seconde édition de son *Essai sur Sénèque* (1782) un long réquisitoire contre son ennemi. C'est là, dans une manière de hors-d'œuvre, que se trouve le passage souvent cité où l'on a voulu découvrir la preuve que Rousseau avait emprunté à Diderot l'idée de son *Discours*.

Il ne contient que ces quelques lignes : « Lorsque le programme de l'Académie de Dijon parut, il (Rousseau) vint me consulter sur le parti qu'il prendrait : « Le parti que vous prendrez, lui dis-je,

---

(1) L. Diderot ; *Essai sur la vie de Sénèque le philosophe, sur ses écrits et sur les règnes de Claude et de Néron* ; (Paris, De Bure, 1779), p. 269.

c'est celui que personne ne prendra. — Vous avez raison, » me répliqua-t-il (1).

Ce texte exprime-t-il la vérité ? La première phrase en est au moins tendancieuse ; elle suggère que Rousseau s'est dérangé expressément pour aller demander un conseil à son ami. C'est faux : Rousseau se rendait tous les deux jours à Vincennes pour le distraire, et il s'imposait une fatigue qu'augmentait une température anormale. « Cette année 1749 l'été fut d'une chaleur excessive. On compte deux lieues de Paris à Vincennes. Peu en état de payer des fiacres, à deux heures après midi j'allais à pied quand j'étais seul, et j'allais vite pour arriver plus tôt. Les arbres de la route, toujours élagués, à la mode du pays, ne donnaient presque aucune ombre ; et souvent, rendu de chaleur et de fatigue, je m'étendais par terre, n'en pouvant plus (2). » La fatigue lui causa une maladie : « L'échauffement contracté dans mes courses de Vincennes, durant les terribles chaleurs qu'il faisait alors, me donna une violente néphrétique (3) ».

(1) Diderot ; *Essai sur les règnes de Claude et de Néron et sur les mœurs et les écrits de Sénèque, pour servir d'introduction à la lecture de ce philosophe*, 1782. Edition Assézat ; Paris, Garnier, 1875), p. 98.

(2) *Œuvres de J.-J. Rousseau* ; (Paris, Lequien, 1862) ; t. I, p. 111.

(3) *Ibid.* ; t. II, p. 131.

Qu'on n'objecte pas que l'imagination de Rousseau multiplie le nombre de ses visites ; Marmontel, qui n'est pas suspect de complaisance pour lui, en confesse la fréquence : « J'étais (c'est Diderot qui parle), j'étais prisonnier à Vincennes, Rousseau *venait* m'y voir... (1) » Il n'est pas possible d'expliquer cet imparfait (venait) autrement que comme un imparfait d'habitude ; et dès lors on a le droit d'affirmer, en s'appuyant sur Rousseau et sur Marmontel, que Diderot a déformé la physionomie des choses en représentant comme isolée (et intéressée) la visite répétée d'un ami ; et, dès lors aussi, on a le droit de se demander si la suite du récit est plus exacte et si les souvenirs de Diderot n'ont pas subi une altération regrettable.

Mais, telle quelle, la suite ne prouve peut-être pas, malgré certaines allégations, que Rousseau doit à Diderot l'idée de son *Discours*.

« Le parti que vous prendrez, lui dis-je, c'est celui que personne ne prendra. » Cela veut dire en bon français : « Le parti que vous prendrez, je le sais bien ; car je vous connais, et je connais votre manie de vous singulariser ; le parti que vous prendrez, c'est celui du paradoxe. »

---

(1) *Œuvres de Marmontel ;* (Paris, Xhrouet, an XII, 1804 ; t. II, p. 240.

Tout le chapitre LXVI (où est ce passage) se divise en nombreux alinéas, qui, sans liens apparents, convergent vers cette idée centrale : Rousseau est contredisant par nature ; il contredit les autres, il se contredit lui-même ; il est catholique, protestant, déiste, socinien ; il se déclare contre les lettres et les cultive ; il prêche contre la licence des mœurs et compose un roman licencieux, etc. Par conséquent, puisque le parti de l'affirmative est le parti de la routine, Rousseau ne peut que prendre le parti de la négative ; et, en le lui disant, Diderot ne donne pas un conseil, il porte un jugement sur son ami ; il ne formule pas une ordonnance, il formule un diagnostic.

Si Diderot avait eu l'intention de dénoncer comme son débiteur l'auteur du *Discours*, il l'aurait rappelé dans le chapitre LXV, où il réduit le talent de Rousseau à un talent d'écrivain et de coloriste et nie l'originalité du fond : « Il n'y a peut-être pas une idée principale, folle ou sage, qui lui appartienne ; la préférence de l'état sauvage sur l'état civilisé n'est qu'une vieille querelle réchauffée ; on a fait cent fois avant lui l'apologie de l'ignorance contre les progrès des sciences et des arts ; on retrouve partout la base et les détails de son *Contrat Social ;* un homme d'un peu de goût ne s'avisera jamais de comparer son *Héloïse* avec les romans de Richardson, qu'il a pris pour modèles, etc. (1) ». Mais comment Diderot aurait-il eu le front et la sottise de réclamer la propriété d'une idée qu'il attribue au domaine commun ? Ce faisant, il aurait singulièrement avili la valeur de sa créance.

III

Marmontel cite la partie la plus caractéristique de la deuxième *Lettre à M. de Malesherbes* et ajoute : « Voilà une extase éloquemment décrite. Voici le fait dans sa simplicité, tel que me l'avait raconté Diderot, et tel que je le racontai à Voltaire : J'étais (c'est Diderot qui parle), j'étais prisonnier à Vincennes. Rousseau venait m'y voir. Il avait fait de moi son *Aristarque*, comme il l'a dit lui-même. »

Sans insister sur l'ironie agressive de ce début (extase éloquemment décrite), on remarquera l'habileté de Marmontel à insinuer que l'intérêt plus que l'amitié explique les visites de Rousseau à Diderot (il avait fait de moi son Aristarque). Explication malicieuse, et qui jure avec le huitième livre des *Confessions* : « Je le (Diderot) trouvai très affecté... Il avait besoin de la société de ses amis pour ne pas se livrer à son humeur noire. Comme j'étais assurément celui qui compatissait

(1) *Essai sur les règnes de Claude et de Néron... ; op. cit.* ; p. 95.

le plus à sa peine, je crus être aussi celui dont la vue lui serait la plus consolante ; et tous les deux jours au plus tard, malgré des occupations très exigeantes, j'allais, soit seul, soit avec sa femme, passer avec lui les après-midi. »

Qui dit vrai, de Rousseau ou de Diderot ? Le premier, certainement ; car Rousseau a beau considérer Diderot comme son Aristarque, il n'a tout de même pas besoin de s'entretenir avec lui tous les deux jours. Une réunion hebdomadaire leur suffisait, avant la détention de Diderot, pour causer de leurs écrits et de leurs projets (1).

Marmontel continue : « Un jour, nous promenant ensemble, il me dit que l'Académie de Dijon venait de proposer une question intéressante, et qu'il avait envie de la traiter. Cette question était : « Le rétablissement des sciences et des arts a-t-il contribué à épurer les mœurs ? » Quel parti prendrez-vous ? lui dis-je. Il me répondit : Le parti de l'affirmative. — C'est le pont-aux-ânes, lui dis-je, tous les talents médiocres prendront ce chemin-là, et vous n'y trouverez que des idées communes, au lieu que le parti contraire présente à la philosophie et à l'éloquence un champ nouveau, riche et

(1) « Nous nous rassemblions tous trois (Condillac, Diderot, Rousseau) une fois la semaine au Palais-Royal, et nous allions dîner ensemble à l'hôtel du Panier-Fleuri. » (*Confessions ; op cit.* ; p. 106).

fécond. — Vous avez raison, me dit-il après y avoir réfléchi un moment, et je suivrai votre conseil. » Ainsi, dès ce moment, ajoutai-je, son rôle et son masque furent décidés. « Vous ne m'étonnez pas, me dit Voltaire ; cet homme-là est factice de la tête aux pieds, il l'est de l'esprit et de l'âme ; mais il a beau jouer tantôt le stoïcien et tantôt le cynique, il se démentira sans cesse, et son masque l'étouffera (1). »

Lorsqu'il accuse Rousseau de jouer un « rôle » et de s'affubler d'un « masque », Marmontel ne s'aperçoit pas que Diderot aurait été le premier coupable en conseillant à Rousseau de soutenir la négative. Et Voltaire à son tour, en reprenant à son compte cette accusation, ne se serait pas aperçu, lui non plus, que Diderot encourait le reproche d'excitation à la sophistique et à l'insincérité. Mais Voltaire a-t-il ajouté foi aux confidences de Marmontel ? Si oui, lui qui entretient une correspondance avec tant d'amis n'aura pas manqué de leur annoncer cette nouvelle piquante.

J'ai parcouru le recueil de ses lettres à cette date, et n'ai rien trouvé. Le 13 juin 1760 il écrit au comte d'Argental : « Marmontel est ici... Il jure qu'il n'a pas la moindre part à l'infamie de la

(1) Marmontel ; *Mémoires d'un Père ; op. cit. ;* p. 240-241.

scène d'Auguste, et il le jure avec larmes (1). » Sur l'affaire Rousseau-Diderot, pas un mot. Le 23 juin 1760 il écrit à Thiriot : « J'ai vu Marmontel... il m'a paru fort aimable ; il soutient sa disgrâce en homme qui ne la méritait pas (2). » Toujours pas un mot sur l'affaire Rousseau-Diderot. Bien plus, dans cette dernière lettre, il est question de Rousseau : « J'ai reçu une grande lettre (3) de Jean-Jacques Rousseau ; il est devenu tout à fait fou ; c'est dommage ». Belle occasion, semble-t-il, de divulguer ici la révélation de Marmontel. Point du tout ; Voltaire garde le silence : ne serait-ce pas qu'il n'y ajoute aucune foi ?

Au vrai, tout le long de sa correspondance, Voltaire a prodigué à l'endroit de Rousseau les termes injurieux. Il l'appelle monstre d'orgueil et de bassesse, petit bout d'homme pétri de vanité, bâtard de Diogène, chien, brouillon, coquin, polisson, délateur, déserteur, calomniateur, insensé, fou, archi-fou, maître-fou, écervelé, etc. Mais une seule fois, à ma connaissance, il l'incri-

---

(1) Le duc d'Aumont avait accusé Marmontel d'avoir composé contre lui une parodie de *Cinna* (grande scène d'Auguste, de Cinna et de Maxime), qui était en réalité l'œuvre d'un intendant des Menus-Plaisirs, Cury.

(2) Sur la requête du duc d'Aumont Marmontel avait été embastillé onze jours, et le roi lui avait enlevé le brevet du Mercure.

(3) Cette lettre (Montmorency, 17 juin 1760) a été publiée dans les *Confessions*, partie II, livre X, p. 407.

mine pour s'être approprié les plumes du paon et avoir fondé sa fortune littéraire en développant une idée qui ne lui appartient pas. C'est dans une lettre à M. Bordes, de l'Académie de Lyon (Ferney, 29 novembre 1766) : « Jean-Jacques n'est qu'un malheureux charlatan qui, ayant volé une bouteille d'élixir, l'a répandue dans un tonneau de vinaigre, et l'a distribuée au public comme un remède de son invention ».

Seulement la bouteille d'élixir n'a pas été dérobée à Diderot, comme on s'y attendrait après le récit de Marmontel. C'est de Jean-Baptiste Rousseau que Jean-Jacques aurait délayé « dans une prose souvent inintelligible, deux ou trois strophes » qui se trouvent dans l'*Ode au marquis de La Fare* (1).

IV

Moins âpre que Marmontel, Morellet concède à Rousseau une certaine sincérité : « Je pense que,

(1) Voltaire cite cette strophe :

> Couché dans un antre rustique
> Du nord il (le Huron) brave la rigueur,
> Et notre luxe asiatique
> N'a point énervé sa vigueur.
> Il ne regrette point la perte
> De ses arts dont la découverte
> A l'homme a coûté tant de soins,
> Et qui, devenus nécessaires,
> N'ont fait qu'augmenter nos misères
> En multipliant nos besoins.

de réflexion et après coup, il a dû rejeter lui-même plusieurs de ses paradoxes ; mais il m'est impossible de croire qu'au moment où il les établit, il n'en ait été parfaitement convaincu ; car on ne persuade pas comme il fait, sans être soi-même persuadé (1) ». Mais, comme Marmontel, il attribue à Diderot l'idée du *Discours*.

Après avoir cité le passage des *Confessions* où Rousseau conte sa visite à Vincennes, Morellet rapporte une conversation qu'il a eue avec Diderot : « Voici ce que j'ai appris de Diderot lui-même, et ce qui passait alors pour constant dans toute la société du baron d'Holbach, où Rousseau n'avait encore que des amis. Arrivé à Vincennes, il avait confié à Diderot son projet de concourir pour le prix, et avait commencé même à lui développer les avantages qu'avaient apportés à la société humaine les arts et les sciences. Je l'interrompis, ajoutait Diderot, et je lui dis sérieusement : « Ce n'est pas là ce qu'il faut faire ; rien de nouveau, rien de piquant ; c'est le pont-aux-ânes. Prenez la thèse contraire, et voyez quel vaste champ s'ouvre devant vous : tous les abus de la société à signaler ; tous les maux qui la désolent, suite des erreurs de l'esprit ; les sciences, les arts,

(1) Morellet ; *Mémoires sur le dix-huitième siècle et la Révolution française ;* (Paris, Ladvocat, 1822) ; tome I, p. 114.

employés au commerce, à la navigation, à la guerre, etc., autant de sources de destruction et de misère pour la plus grande partie des hommes. L'imprimerie, la boussole, la poudre à canon, l'exploitation des mines, autant de progrès des connaissances humaines, et autant de causes de calamités, etc. Ne voyez-vous pas tout l'avantage que vous aurez à prendre ainsi votre sujet (1) ? » Rousseau en convint et travailla d'après ce plan. »

De ces quelques lignes Morellet devrait logiquement tirer cette conclusion que Rousseau est l'obligé de Diderot. Il n'ose pas la tirer, ou du moins, s'il la tient pour exacte, il admet que d'autres ne partagent pas son avis : « Ce récit, que je crois vrai, renverse et détruit toute la narration de Jean-Jacques. Je n'empêche pas, au reste, ceux qui aimeront mieux l'en croire que Diderot et toute la société du baron d'Holbach, de se contenter en cela ; mais je rapporte ma conviction, qui a été de bonne foi (2). »

Voilà une déclaration qui ne laisse pas de trahir un certain malaise : elle est d'un homme qui affirme sa confiance en Diderot, mais qui tout de même est effleuré d'un doute. De là quelque faiblesse dans le raisonnement final ; car il s'agit de croire

(1) Morellet ; *Mémoires sur le dix-huitième siècle et la Révolution française*, t. I, pp. 118-120.

(2) *Id.*, *ibid.*, p. 120.

ou Rousseau ou Diderot, et non pas ou Rousseau ou Diderot *et toute la société d'Holbach :* celle-ci, en effet, ne sait que ce que Diderot a dit à ses membres, et notamment à Marmontel et à Morellet ; mais elle ne sait pas si Diderot a dit vrai.

V

Madame de Vandeul juge que les démêlés de son père avec Rousseau ont des origines obscures, difficiles à débrouiller : « Le sujet réel de leur brouillerie est impossible à conter. C'est un tripotage de société où le diable n'entendrait rien. » Néanmoins elle pense que Rousseau a reçu de Diderot de l'argent et des idées. Parmi ces idées serait celle du *Discours :* « Tout ce que j'ai entrevu de clair dans cette histoire, c'est que mon père a donné à Rousseau l'idée de son Discours sur les Arts, qu'il a revu et peut-être corrigé (1) ».

En somme, devant Madame de Vandeul, comme devant Marmontel, comme devant Morellet, comme devant des invités d'Holbach, Diderot s'est attribué l'idée du *Discours.* Voilà un fait acquis, un fait indéniable. Mais n'a-t-il pas faussé la vérité, en se laissant entraîner par sa fougue coutumière? Ce qu'il apporte dans l'*Essai* est moins explicite

(1) *Œuvres complètes de Diderot, précédées de sa vie par Madame de Vandeul ;* (Paris, Garnier, 1875) ; t. I, page LX.

et moins concluant que ce qu'il exprimait verbalement devant ses amis ; et il semble que, malgré son animosité, il n'a pas osé sanctionner par écrit ce qu'il avait avancé contre Rousseau dans le feu de la conversation : le Diderot de l'*Essai* rectifierait en quelque façon le Diderot interlocuteur de Mme de Vandeul, de Morellet, de Marmontel et des habitués du salon d'Holbach.

Mais, en admettant que Diderot n'a dans ce passage ni complètement ni partiellement infirmé ses déclarations orales, il n'en subsisterait pas moins un certain nombre de faits défavorables à sa thèse : la façon tendancieuse d'expliquer la visite de Rousseau, l'indifférence de Voltaire aux révélations de Marmontel, l'aveu de Morellet que d'autres personnes peuvent à bon droit ne pas partager sa conviction, l'embrouillamini que Mme de Vandeul signale dans les différends de Rousseau et de son père. Quelques autres circonstances sont troublantes. D'abord Diderot n'a jamais réclamé sa créance, par écrit, tant que Rousseau a vécu, si bien que celui-ci, toujours prêt à éventer, sinon à inventer, des complots tramés contre lui, n'a rien soupçonné cette fois. Ensuite, dans les *Confessions*, Rousseau affirme qu'il lui a lu la Prosopopée de Fabricius, à Vincennes, le jour où ils se sont entretenus du programme de l'Académie de Dijon. S'il l'a lue, c'est qu'il a le mérite d'avoir, le premier, conçu l'idée du *Discours*. S'il ne l'a pas lue, Diderot, dans la deuxième édition de l'*Essai*, qu'il a composée « en réponse aux *Confessions* (1) », aurait dû lui infliger un démenti formel : il ne l'a pas fait.

Comment, dès lors, n'être pas surpris que certains critiques attribuent à Diderot une priorité si discutable ?

C'est que, probablement, Rousseau, par ses brouilles successives avec ses meilleurs amis, par son caractère quinteux et acariâtre, a créé autour de lui une atmosphère d'antipathie et de suspicion ; Diderot, au contraire, toujours prompt à extérioriser pensées et sentiments, toujours ouvert, toujours expansif et spontané, a gagné l'estime et la confiance générales. Il passe pour sincère, et on ne songe pas qu'on peut être sincère tout en étant dupe de son imagination ou de sa mémoire. Or Diderot avait une imagination et une mémoire singulièrement sujettes à caution. Marmontel le représente dans ses moments de verve et d'animation, reconstruisant dans sa tête la pièce médiocre sur laquelle on le consulte : « Il y jetait des scènes, des incidents nouveaux, des traits de caractère ; et, *croyant avoir entendu ce qu'il avait rêvé*,

(1) G. Lanson ; *Manuel bibliographique de la Littérature française moderne*, III, « Dix-huitième siècle» ; (Paris, Hachette, 1911) ; p. 771.

il nous vantait l'ouvrage qu'on venait de lui lire, et dans lequel, lorsqu'il voyait le jour, nous ne retrouvions presque rien de ce qu'il en avait cité (1). »

Grimm cite une anecdote non moins caractéristique : « Mon ami Diderot est excellent juge en fait de choses excellentes, en fait de productions qui méritent quelque attention et qui donnent quelque prise à son sens profond et exquis. Quant aux mauvaises qui n'ont ni idées, ni talent, ni style, et qui ne peuvent fixer son attention par aucun côté, elles ne lui disent rien du tout ; et s'il faut qu'il s'en occupe malgré lui, il trouve plus court de les refaire dans sa tête. Alors il lit dans le livre ce qui n'est que dans son imagination, et prêtant ainsi à un pauvre homme son génie et sa vue, il en fait avec très peu de frais un homme merveilleux. Sa bienveillance naturelle... lui fait semer peu à peu ses dons dans une terre ingrate. Plus un auteur est pauvre, plus il lui prodigue du sien. Je me souviendrai toujours de l'enthousiasme avec lequel il me vanta un jour un manuscrit que je trouvai fort médiocre. « Enfin, dit-il, voyant qu'il ne pouvait me convertir, ce que j'y ai trouvé surtout de beau et d'admirable est une chose qui n'y est point, mais qu'à la première entrevue je dirai

(1) *Œuvres de Marmontel ; op. cit. ;* t. III, p. 314.

à l'auteur d'y mettre. » Un éclat de rire qui partit malgré moi, le fit revenir de cette charmante ivresse. (1) »

Veut-on un exemple frappant de cette puissance déformatrice ? Je l'emprunterai à l'histoire des relations de Rousseau et de Diderot.

Diderot écrit quelque part qu'il n'a « ni persécuté ni haï » Rousseau : « Tout mon ressentiment s'est réduit à repousser les avances réitérées qu'il a faites pour se rapprocher de moi : la confiance n'y était plus (2) ». Dans une lettre à d'Escherny (Motiers, 6 avril 1765), Rousseau avait dit le contraire : « Je n'entends pas bien, Monsieur, ce qu'après sept ans de silence M. Diderot vient tout à coup d'exiger de moi. Je ne lui demande rien. Je n'ai nul désaveu à faire. Je suis bien éloigné de lui vouloir du mal, encore plus de lui en faire ou d'en dire de lui ; je sais respecter jusqu'à la fin les droits de l'amitié, même éteinte, mais je ne la rallume jamais ; c'est ma plus inviolable maxime. »

Voilà deux affirmations contradictoires : de Rousseau ou de Diderot, lequel croire ? D'Escherny, qui était lié avec l'un et l'autre, donnera la réponse : « Diderot m'avait prié de faire sa

---

(1) Grimm ; *Correspondance littéraire*, édition Tourneux (Paris, Garnier, 1879) ; t. 7, 15 octobre 1767, p. 445.

(2) Diderot ; *Essai sur les règnes de Claude et de Néron ; op. cit.* ; p. 99.

paix avec Rousseau et de ménager entre eux un raccommodement. Je m'y suis porté avec tout le zèle possible ; j'ai parlé, j'ai écrit, j'ai prié, j'ai pressé, Rousseau a été inexorable (1). » En cette affaire les souvenirs de Rousseau sont exacts ; ceux de Diderot ne le sont pas.

En est-il autrement dans l'affaire du *Discours* ?

Lors de l'entretien de Vincennes Diderot et Rousseau étaient seuls, sans témoin : pas un tiers cette fois, pas un d'Escherny pour les départager. Mais les dires de Diderot soulèvent des objections; le récit de Rousseau n'en soulève aucune, ni dans la *Lettre à M. de Malesherbes*, ni dans les *Confessions*. Il n'y a donc pas de raison sérieuse pour enlever à Rousseau un mérite que personne n'a osé lui dénier de son vivant, celui d'avoir conçu de lui-même l'idée qui domine son *Discours* et toute son œuvre.

Et je ne puis oublier cette pensée de Grimm : « L'homme du plus grand génie, de la plus belle imagination, ne rendra que faiblement et froidement ce qu'il n'aura pas conçu lui-même et les idées dont le premier germe s'est formé dans un autre cerveau que le sien (2). »

---

(1) D'Escherny ; *Mélanges de littérature, d'histoire, de morale et de philosophie* (Paris, 1811) ; t. 3, p. 110.

(2) Grimm ; *Correspondance littéraire ; op. cit.* ; t. 7, p. 249.

TABLE DES MATIÈRES

Achevé d'imprimer
par les Imprimeries MONCE et Cie
6, rue Houzeau-Muiron, REIMS
le 8 Juillet 1925

www.ingramcontent.com/pod-product-compliance
Ingram Content Group UK Ltd.
Pitfield, Milton Keynes, MK11 3LW, UK
UKHW020606180726
13838UKWH00001B/451